Im Dienst von Demokratie und Diktatur
Die Reichsbahn 1920–1945

Im Dienst von Demokratie und Diktatur
Die Reichsbahn 1920–1945

Geschichte der Eisenbahn in Deutschland, Band 2
Katalog zur Dauerausstellung im DB Museum

Herausgeber:

DB Museum Deutsche Bahn Mobility Logistics AG
Direktor Dr. Jürgen Franzke

Mit Beiträgen von:

Ursula Bartelsheim
Joachim Breuninger
Stefan Ebenfeld
Andreas Engwert
Susanne Kill
Rainer Mertens
Irene Ramorobi

Gestaltung und Produktion:

Jörg Müller, Katja Raithel, Nürnberg

Ausstellungsdesign:

Marius Schreyer Design, Nürnberg

Objektfotografie:

Klaus Mosch, Altdorf

Lektorat:

Stefanie Leisenheimer

Druck:

Aumüller Druck KG, Regensburg

Printed in Germany ISBN 3-9807652-2-9

Geschichte der
Eisenbahn in Deutschland

Band 2

Im Dienst von Demokratie und Diktatur
Die Reichsbahn 1920–1945

Deutsche Reichsbahn und Deutsche Reichsbahn-Gesellschaft in der Weimarer Republik 1920–1933

Die Reichsbahn in der nationalsozialistischen Diktatur 1933–1945

Katalog zur Dauerausstellung im DB Museum

Inhalt

Seite

Anhang

DEUTSCHE REICHSBAHN

Vorwort von Dr. Jürgen Franzke

Direktor DB Museum

„Im Dienst von Demokratie und Diktatur" – so heißt der zweite Teil der Dauerausstellung des DB Museums, der die Geschichte der Reichsbahn von 1920 bis 1945 darstellt. Die Zeit der Weimarer Republik und des Nationalsozialismus ist wohl der ereignisreichste Abschnitt der deutschen Bahngeschichte: Glanz und Elend, Licht und Schatten, Leistungen und Verfehlungen wechselten sich in rascher Folge ab. Nur wenige Jahre trennen zukunftsweisende Entwicklungen wie die Reichsbahngründung in den zwanziger Jahren und die Entwicklung der „Fliegenden Züge" um 1930 von Krieg und Holocaust, die ohne die logistische Leistung der Bahn in ihrer völkermordenden Dimension nicht hätten durchgeführt werden können. Mit der Niederlage des nationalsozialistischen Staates endete auch die kurze Geschichte der ersten nationalen Eisenbahn in Deutschland: Die Deutsche Reichsbahn, durch den Krieg beinahe zerstört, wurde unter die Hoheit der Siegermächte gestellt und blieb dann für beinahe ein halbes Jahrhundert eine geteilte Bahn.

Diese Zeitspanne der Eisenbahngeschichte wird auf einer Fläche von über 400 m² präsentiert. Das Ausstellungsteam hat eine Fülle von historischen Dokumenten und Exponaten zusammengetragen. Darunter finden sich bisher unveröffentlichte Fotodokumente wie etwa private Fotoalben vom Eisenbahnereinsatz im Krieg gegen die Sowjetunion, Plakate aus der Frühzeit des Bahntourismus in den 1920er Jahren, kuriose Exponate wie eine Spielzeugautobahn aus der NS-Zeit sowie wertvolle technische Modelle von Eisenbahnfahrzeugen dieser Zeit. So entsteht ein vielschichtiges Bild der Bahn in ihrer Zeit. Die historischen Zeugnisse wurden, wie in den bereits verwirklichten Ausstellungsabschnitten, in eine Ausstellungsarchitektur integriert, die mit interaktiven und multimedialen Elementen eine spannende Geschichte erzählt, ohne dabei auf unnötige Effekte und Illusionen zu setzen. Vor allem der Abschnitt „Reichsbahn im nationalsozialistischen Deutschland" ist in einer diesem Thema angemessenen Zurückhaltung inszeniert: Die vielen Fotos und Dokumente sowie insbesondere die filmisch festgehaltenen Berichte von Zeitzeugen sprechen für sich.

Der vorliegende Band 2 des Kataloges zur Dauerausstellung bietet eine Ergänzung und Vertiefung zu den Inhalten der Ausstellung. Er enthält eine repräsentative Auswahl von Bildern und Objekten sowie erläuternde Textbeiträge des Ausstellungsteams. Erstmals werden zentrale Quellen und Dokumente in besonderen Kapiteln dargestellt und kommentiert.

„Im Dienst von Demokratie und Diktatur" – die Deutsche Bahn bekennt sich mit dieser Ausstellung in klarer und eindeutiger Weise zu dem oftmals schwierigen Erbe, das ihr die lange Geschichte der Eisenbahn in Deutschland anvertraut hat. Nur wenige unserer Besucherinnen und Besucher und wohl kaum ein heutiger Mitarbeiter der Bahn kennt diese Zeit aus eigener Anschauung; umso wichtiger ist es für das Firmenmuseum des DB Konzerns, die historischen Zeugnisse dieser Jahre zu bewahren und der Öffentlichkeit zugänglich zu machen.

Deutsche Reichsbahn und Deutsche Reichsbahn-Gesellschaft in der Weimarer Republik 1920–1933

Die Niederlage im Ersten Weltkrieg löste in Deutschland eine politische Revolution aus. Dem Ende der Monarchie folgte bald das Ende der alten Eisenbahnordnung. Bisher hatten die Länder ihre Staatsbahnen selbst verwaltet, nun sollte eine nationale Eisenbahn entstehen. Die Weimarer Verfassung bildete hierfür den rechtlichen Ausgangspunkt.

1920 erfolgte die in der Verfassung vorgesehene „Verreichlichung" der Länderbahnen zur „Deutschen Reichsbahn". Damit begann eine neue Epoche in der Eisenbahngeschichte.

Bei den schwierigen politischen und wirtschaftlichen Nachkriegsbedingungen besaß die Reichsbahn bis 1924 nur einen geringen Handlungsspielraum. Dennoch konnte sie einzelne Modernisierungsvorhaben wie die Ausstattung der Güterwagen mit Druckluftbremsen oder die Planung von Einheitslokomotiven beginnen. Das mit der Gründung der Reichsbahn verbundene politische Ziel, die Einheit des demokratisch verfassten Reiches zu stärken, wurde erreicht.

Die Überführung der Länderbahnen auf das Reich war kaum abgeschlossen, als 1924 die Reichsbahn in eine an privatwirtschaftlichen Vorgaben orientierte Gesellschaft umgewandelt wurde. Die Reform hatten die Siegermächte mit der Reichsregierung ausgehandelt. Mit Hilfe der Eisenbahn sollte ein Großteil der vom Reich zu zahlenden Kriegsentschädigungen erwirtschaftet werden. Grundlage hierfür war der Versailler Friedensvertrag, in dem die Eisenbahn als Sicherheit für die später zu leistenden Reparationen vorgesehen war.

Die „Deutsche Reichsbahn-Gesellschaft" führte begonnene Vorhaben konsequent weiter und vollzog eine weitreichende Modernisierung und Rationalisierung des Eisenbahnwesens. Diese reichte vom Ausbau des eigenen Telefonnetzes zum modernsten in Europa bis hin zur Entwicklung des „Fliegenden Hamburgers", dem Urahn des ICE. Bis 1933 entwickelte sich die Reichsbahn-Gesellschaft zu einem modernen sowie wirtschaftlich erfolgreichen Unternehmen. Die Eisenbahn in Deutschland erlebte eine zweite Blüte.

S. E.

Deutsche Reichsbahn

301 1920 endete in Deutschland das Zeitalter der Länderbahnen. Die Eisenbahnen der deutschen Länder wurden „verreichlicht" und damit Eigentum des Reiches. An ihre Stelle trat erstmals ein nationales Eisenbahnunternehmen, die „Deutsche Reichsbahn". Die rechtliche Grundlage für die Verreichlichung bildete die am 11. August 1919 in Kraft getretene Weimarer Verfassung. In Artikel 89 hieß es: „Aufgabe des Reiches ist es, die dem allgemeinen Verkehre dienenden Eisenbahnen in sein Eigentum zu übernehmen und als einheitliche Verkehrsanstalt zu verwalten". In Artikel 171 wurde der 1. April 1921 als spätester Termin für die Übernahme bestimmt.

Der kriegsbedingte schlechte Zustand der Eisenbahnanlagen und die wirtschaftlichen Probleme in Deutschland führten 1918/19 zeitweise zum Stillstand im Eisenbahnbetrieb, wodurch sich die Versorgungslage der Bevölkerung verschlechterte. Zudem konnten die Länder den wachsenden Schuldenberg ihrer Eisenbahnen nicht mehr verkraften. Daher wurde die Verreichlichung beschleunigt und fand bereits am 30. April 1920 mit einem „Staatsvertrag über den Übergang der Staatseisenbahnen auf das Reich" ihren Abschluss. An diesem Tag unterzeichneten Reichspräsident Friedrich Ebert und Reichsverkehrsminister Johannes Bell ein Gesetz, das den Staatsvertrag in Kraft setzte. Damit gingen die Länderbahnen rückwirkend bereits zum 1. April 1920 in das Eigentum des Reiches über. Zunächst hieß das neue Staatsunternehmen „Reichseisenbahnen". Als übliche Bezeichnung setzte sich jedoch „Deutsche Reichsbahn" durch, die das Reichsverkehrsministerium 1921 auch offiziell einführte.

Die Deutsche Reichsbahn stand von Anfang an ganz im Dienst der Republik. Zum einen sollte sie die Stellung des Reiches gegenüber den Ländern stärken, da die Schienenwege als die „Lebensadern" der Wirtschaft galten. Zum anderen verbanden sich mit ihr Hoffnungen auf die Überwindung der sozialen und wirtschaftlichen Folgen des Krieges. Diese Auffassung setzte eine Tradition des 19. Jahrhunderts fort, in der die Eisenbahn als politisches Instrument zur Förderung des Gemeinwohles verstanden wurde. So diente die Reichsbahn in sozialpolitischer Hinsicht als Arbeitgeber und aus wirtschaftspolitischer Perspektive als Auftraggeber der Wirtschaft. In großer Zahl standen Kriegsversehrte und -heimkehrer, Eisenbahner aus den verlorenen Gebieten und während des Krieges eingestellte Hilfskräfte im Lohn der Reichsbahn. Das Staatsunternehmen beschäftigte 1920 über eine Million Menschen, während 1913 innerhalb der Grenzen der späteren Republik nur rund 692.000 Personen bei den Eisenbahnen gearbeitet hatten. Zur Ankurbelung der Wirtschaft und zur Sicherung von Arbeitsplätzen vergab die Reichsbahn zudem umfangreiche Beschaffungs- und Reparaturaufträge an die heimische Industrie. Vor diesem Hintergrund verwundert es nicht, dass die Ausgaben die Einnahmen weit übertrafen und der Staatsbetrieb ein wachsendes Defizit vor sich herschob.

Im Herbst 1921 begann das Reichsverkehrsministerium einen anderen Weg einzuschlagen, um den Reichsbahnhaushalt auszugleichen. Das Ministerium ergriff als oberste Eisenbahnbehörde verschiedene Maßnahmen und versuchte dabei in der Betriebsführung kaufmännische Grundsätze anzuwenden: Die Tarife im Güter- und Personenverkehr wurden der Inflation angepasst, die Zahl der Mitarbeiter wurde reduziert und der Bau neuer Strecken weitgehend eingestellt. Durch Modernisierungen und die allmähliche Anpassung an den veränderten Verlauf der Verkehrsströme, der sich durch die neuen Reichsgrenzen ergab, konnte eine Steigerung der Transportleistung erreicht werden. Schließlich wurde auch ein Eisenbahnfinanzgesetz vorbereitet, das die wirtschaftliche Unabhängigkeit der Reichsbahn garantieren sollte.

Anfang 1922 zeichnete sich bei der Reichsbahn eine Entspannung der wirtschaftlichen Lage ab. Die Hoffnungen auf eine endgültige Überwindung der Krise wurden jedoch durch das Einsetzen der Hyperinflation und den infolge der Ruhrbesetzung ausgerufenen „passiven Widerstand" schnell zerstört. Die deutsche Wirtschaft stand vor dem Zusammenbruch und auch die Deutsche Reichsbahn konnte diese Notlage auf Dauer nicht verkraften.

S. E.

Die Verfassung des Deutschen Reichs

[Artikel 89]

„Aufgabe des Reiches ist es, die dem allgemeinen Verkehre dienenden Eisenbahnen in sein Eigentum zu übernehmen und als einheitliche Verkehrsanstalt zu verwalten."

[Artikel 90]

„Mit dem Übergang der Eisenbahnen übernimmt das Reich die Enteignungsbefugnis und die staatlichen Hoheitsrechte, die sich auf das Eisenbahnwesen beziehen."

1

1) Reichspräsident Friedrich Ebert unterzeichnete am 11. August 1919 die Verfassung. Der Verfassungstag wurde zum gesetzlichen Feiertag bestimmt.

301

1) Die Rechte der Eisenbahner besaßen bei der neuen Reichsbahn einen besonderen Stellenwert. 18 der 43 Paragrafen des Staatsvertrages befassten sich mit sozialen Fragen.

2) Johannes Bell war vom 13. Februar 1919 bis zum 30. April 1920 erster Verkehrsminister der Weimarer Republik und einer der Architekten der Reichsbahn. Er blieb nach einem Regierungswechsel im März 1920 noch bis zur Unterzeichnung des Staatsvertrages im Amt und trat erst dann zurück.
Um 1924

3) Uniformrock eines Schaffners der Deutschen Reichsbahn

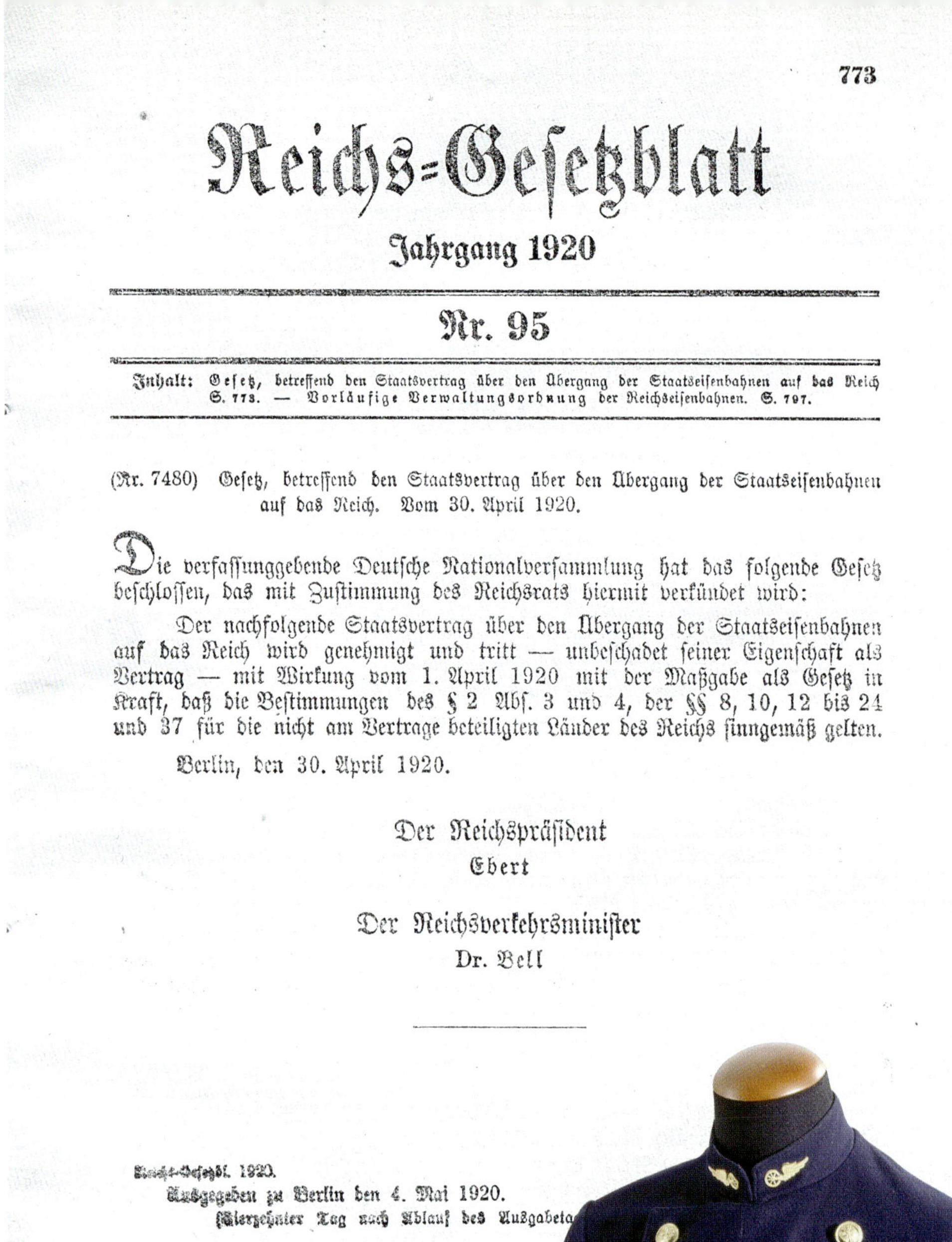

773

Reichs-Gesetzblatt

Jahrgang 1920

Nr. 95

Inhalt: Gesetz, betreffend den Staatsvertrag über den Übergang der Staatseisenbahnen auf das Reich S. 773. — Vorläufige Verwaltungsordnung der Reichseisenbahnen. S. 797.

(Nr. 7480) Gesetz, betreffend den Staatsvertrag über den Übergang der Staatseisenbahnen auf das Reich. Vom 30. April 1920.

Die verfassunggebende Deutsche Nationalversammlung hat das folgende Gesetz beschlossen, das mit Zustimmung des Reichsrats hiermit verkündet wird:

Der nachfolgende Staatsvertrag über den Übergang der Staatseisenbahnen auf das Reich wird genehmigt und tritt — unbeschadet seiner Eigenschaft als Vertrag — mit Wirkung vom 1. April 1920 mit der Maßgabe als Gesetz in Kraft, daß die Bestimmungen des § 2 Abs. 3 und 4, der §§ 8, 10, 12 bis 24 und 37 für die nicht am Vertrage beteiligten Länder des Reichs sinngemäß gelten.

Berlin, den 30. April 1920.

Der Reichspräsident
Ebert

Der Reichsverkehrsminister
Dr. Bell

Reichs-Gesetzbl. 1920.
Ausgegeben zu Berlin den 4. Mai 1920.
(Vierzehnter Tag nach Ablauf des Ausgabeta

1

2

3

Reparationen, Ruhrkampf und die Deutsche Reichsbahn-Gesellschaft

1) Postkarte, Franzosen in Duisburg-Wedau
Ausgangspunkte des passiven Widerstandes der Reichsbahner gegen die Besatzer waren das Ruhrgebiet und der Raum Düsseldorf.
1923/24

Im September 1924 wurde die Deutsche Reichsbahn in eine Gesellschaft umgewandelt. Was auf den ersten Blick wenig spektakulär erscheint, erweist sich bei näherem Hinsehen als einer der bedeutendsten Wendepunkte in der Geschichte der Eisenbahn in Deutschland.

Die Siegermächte des Ersten Weltkrieges und das Deutsche Reich vereinbarten 1924 in einem völkerrechtlich verbindlichen Vertrag, die Reichsbahn für die Bezahlung eines Großteils der deutschen Kriegsschulden zu verpflichten. Dafür wurde sie zu einer kaufmännisch geführten und auf Gewinn ausgerichteten Betriebsgesellschaft umgewandelt und von der bisherigen politischen Einflussnahme weitgehend befreit. Darüber hinaus wurden bis 1929 vier Interessenvertreter der Gläubigerländer in den 18-köpfigen Verwaltungsrat der Gesellschaft entsandt. Die Deutsche Reichsbahn-Gesellschaft erhielt damit einen Sonderstatus, wie es ihn weder vorher noch nachher gegeben hat.

Ausgangspunkt für diese Entwicklung war die Niederlage des Deutschen Reiches im Ersten Weltkrieg. Deutschland musste Gebiete abtreten und alliierte Truppen besetzten den gesamten linksrheinischen Raum. In den Waffenstillstandsvereinbarungen von 1918 und im Friedensvertrag von 1919, dem am 10. Januar 1920 in Kraft getretenen Versailler Vertrag, wurde das Reich zur Zahlung von Reparationen verpflichtet. Als Pfand waren u. a. die Eisenbahnen vorgesehen. Eine genaue Regelung der Höhe der Leistungen und der Zahlungsweise sollte erst zu einem späteren Zeitpunkt vorgenommen werden. Kurz nach der Unterzeichnung des Versailler

Vertrages entbrannte der Streit um diese Fragen. Der außenpolitische Dauerkonflikt, der von Gewaltaktionen begleitete innenpolitische Umbruch nach dem Untergang des Kaiserreiches und die desolate Wirtschaftslage in Deutschland verdichteten sich zu einem Katastrophenszenario.

Unmittelbarer Ausdruck der Krise war die fortlaufende Inflation, die 1922 zur sogenannten Hyperinflation anwuchs. Im Januar 1923 eskalierte die Situation, als belgische und französische Truppen das Ruhrgebiet besetzten. Die Begründung für die Besetzung lautete, Deutschland sei mit seinen Reparationszahlungen in Verzug geraten und das Ruhrgebiet sollte deshalb als Pfand dienen. Der von Kohle und Stahl geprägte Ballungsraum war nicht nur das wirtschaftliche Zentrum Deutschlands, sondern auch die wichtigste Verkehrsregion für die Reichsbahn. Die Eisenbahn-Verbindungen zwischen den besetzten und unbesetzten Gebieten wurden durch den Truppen-Einmarsch fast gänzlich unterbrochen.

Die Regierung rief zum passiven Widerstand auf und das Reichsverkehrsministerium wies die Eisenbahner an, Befehle und Anordnungen der Besatzungstruppen nicht zu befolgen. Wer dennoch Befehle entgegennahm, dem drohten Strafen und Entlassung. Die Wirtschaft geriet immer mehr ins Stocken. Die Inflation erreichte astronomische Dimensionen, so dass die Papiermark ihre Funktion als Zahlungsmittel verlor und Gemeinden und Betriebe wie die Reichsbahn Ersatzwährungen aus-

1

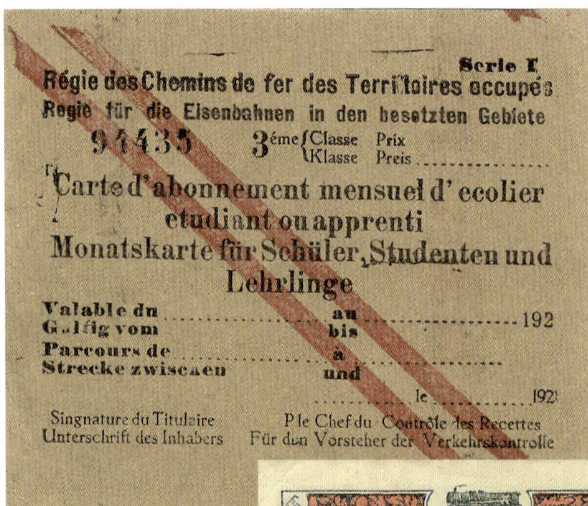
Serie I
Régie des Chemins de fer des Territoires occupés
Regie für die Eisenbahnen in den besetzten Gebiete
94435 3ème Classe / Klasse Prix / Preis
Carte d'abonnement mensuel d'ecolier etudiant ou apprenti
Monatskarte für Schüler, Studenten und Lehrlinge
Valable du ... au ... 192
Gültig vom ... bis
Parcours de ... à
Strecke zwischen ... und
le ... 192
Signature du Titulaire / Unterschrift des Inhabers
P le Chef du Contrôle des Recettes / Für den Vorsteher der Verkehrskontrolle

2

3

4

1-4) Die Regie-Bahn druckte u.a. eigene Fahrkarten, Dienstvorschriften und seit November 1923 auch Geld. Die „Transportbons" oder „Regie-Franken" blieben bis Dezember 1924 im Umlauf.

5

5) Am 15. November 1923 endete mit der Einführung einer Parallelwährung zur Mark, der „Rentenmark", die Inflation. Nach Verabschiedung des Dawes-Plans 1924 wurden beide Währungen in der „Reichsmark" zusammengeführt. Damit gelang endgültig die Stabilisierung der deutschen Währung.

Wir wollen also sehen was man mit diesem Europa anfangen kann!

302

gaben. Die Besatzungsmächte an Rhein und Ruhr reagierten hart auf den Widerstand der Eisenbahner. Es kam neben Beschlagnahmungen und Zerstörungen von Einrichtungen zu Ausweisungen, Verhaftungen und bei verschiedenen gewalttätigen Auseinandersetzungen auch zu Todesfällen.

Dass die Eisenbahn ein wichtiges Element der Pfandpolitik war, zeigte nicht nur die nach dem Einmarsch erfolgte Beschlagnahmung verschiedener Strecken. Nachdem die Arbeitsverweigerung der Eisenbahner den Verkehr in den besetzten Gebieten stellenweise zum Erliegen gebracht hatte, begannen die Besatzer am 1. März 1923 mit dem Aufbau einer eigenen Eisenbahnverwaltung. Der Sitz der Generaldirektion der „Regie der Eisenbahnen in den besetzten Gebieten" war zunächst in Düsseldorf, später in Mainz. Die Regie entzog der Reichsbahn neben dem fahrenden Material und Gebäuden rund 5.000 Kilometer und damit mehr als ein Zehntel ihres Streckennetzes. Der Ausfall betraf die ertragreichsten Strecken. Allerdings verlief der Regie-Betrieb nicht reibungslos. Es kam zu Anschlägen, Ausfällen, Verzögerungen und Unfällen. Die fehlende Qualifikation und Streckenkenntnis der rund 26.000 Beschäftigten, von denen rund 7.000 Deutsche waren, konnten die bis zu 600 für die Regie arbeitenden Reichsbahner nicht ausgleichen.

Der passive Widerstand war auf Dauer nicht durchzuhalten, die Regierung brach ihn im September ab.

6) Lithografie, Derso und Kelen: „Die um den Dawes Plan ...", 1924/25
Reichskanzler Wilhelm Marx, Außenminister Gustav Stresemann und Finanzminister Hans Luther leiteten die deutsche Delegation auf der Londoner Konferenz.

1

2

Die entscheidenden Weichenstellungen für die Zukunft erfolgten im Oktober und November. Zunächst stellte Deutschland bei der Reparationskommission einen Antrag zur Überprüfung der wirtschaftlichen Voraussetzungen für weitere Reparationszahlungen. Dann schuf sie durch die Einführung der Rentenmark – auf der Basis von einer Billion Mark zu einer Rentenmark – die Voraussetzungen für eine stabile Währung und damit für eine Regelung des Reparationsproblems.

Ende November 1923 begannen zwei unabhängige Sachverständigenkommissionen mit der Überprüfung der deutschen Leistungsfähigkeit und der Erarbeitung von Vorschlägen für die Reparationszahlungen. Die Kommission unter der Leitung des amerikanischen Bankiers Charles G. Dawes legte im April 1924 ihr Gutachten vor, den „Dawes-Plan". Der Plan bot eine vorläufige Regelung der Reparationen. Im Sommer verhandelten dann die Siegermächte in London unter Beteiligung einer deutschen Delegation über den Plan. Die Unterzeichnung eines internationalen Vertrages auf der Grundlage des Dawes-Planes konnte nach der Zustimmung des Deutschen Reichstages am 30. August 1924 erfolgen.

Die Annahme des Dawes-Planes führte zu einer Stabilisierung der politischen und wirtschaftlichen Lage und hatte die bereits beschriebene Gründung der Deutschen Reichsbahn-Gesellschaft zur Folge. Das Ruhrgebiet wurde geräumt und unter internationaler Aufsicht leistete das Reich in den nächsten Jahren seine Reparationszahlungen, bei denen der Reichsbahn eine Schlüsselrolle zukam.

Nach der Konstituierung der Reichsbahn-Gesellschaft mit der ersten Sitzung des Verwaltungsrates am 27. September 1924 übernahm sie am 11. Oktober den Eisenbahnbetrieb in den unbesetzten Gebieten. Am 16. November erfolgte auch die Übernahme der Strecken der Regie-Bahn, die im Dezember endgültig aufgelöst wurde. Die durch den Ruhrstreit und den Regie-Betrieb bedingten Kosten waren gewaltig. In der Zeit von März bis Oktober 1923 hatte die Reichsbahn fünfmal mehr ausgegeben als eingenommen und 1925 bezifferte sie den finanziellen Gesamtschaden auf rund 2,6 Milliarden Reichsmark.

In den folgenden Jahren leistete die Reichsbahn-Gesellschaft ihre Zahlungen bis zur Aufhebung der Reparationsverpflichtungen 1931/32 immer vollständig und pünktlich. Zudem ermöglichte ihr wirtschaftlicher Erfolg verschiedene Modernisierungen und die Bildung von Rücklagen. Das Eisenbahnunternehmen war damit in der Lage, auch die härtesten Jahre der Weltwirtschaftskrise von 1929 bis 1932 zu überstehen.

S.E.

1) Carl Friedrich von Siemens, 1924–1934
Präsident des Verwaltungsrates der Deutschen Reichsbahn-Gesellschaft
1924

2) Rudolf Oeser, 1924–1926
Generaldirektor der Deutschen Reichsbahn-Gesellschaft
Um 1924

3) Uniformrock eines Sekretärs der Deutschen Reichsbahn-Gesellschaft

3

Verpflichtet zum Erfolg: Die Reichsbahn als Pfand

Eines der größten politischen Probleme der Weimarer Republik waren die Reparationszahlungen. 1922 zeichnete sich bereits ab, dass die Regierung nicht in der Lage war, den Forderungen der Gläubigerländer nachzukommen. Bei den ersten Überlegungen, den Siegermächten ein konkretes Angebot zur Neuregelung der Reparationen zu unterbreiten, rückte die Reichsbahn ins Zentrum der Aufmerksamkeit. Bereits im Waffenstillstandsabkommen 1918 hatte sich die Regierung verpflichten müssen, die Eisenbahnen nicht mit Hypotheken zu belasten oder zu veräußern. Und Artikel 248 des Versailler Vertrags bestimmte, dass das Reich mit seinem gesamten Besitz und seinen Einnahmen für die Reparationsschulden haftete. So bot die Regierung 1923 die Reichsbahn als Pfand an. Das Ergebnis der Verhandlungen mündete in den Dawes Plan, der eine vorläufige Regelung der Reparationszahlungen vorsah, und schließlich in eine Verfassungsänderung, die die Gründung der Deutschen Reichsbahn-Gesellschaft ermöglichte.

Zum Zeitpunkt ihrer Gründung wurde die Reichsbahn-Gesellschaft mit einer Reparationsschuldverschreibung in Höhe von 11 Milliarden Reichsmark belastet, die ab 1925 mit jährlich fünf Prozent zu verzinsen und ab 1927 mit einem Prozent zu tilgen war. Der Reichsbahn-Gesellschaft wurde also eine gewisse Anlauffrist gewährt und bereits 1925 leistete sie den Schuldendienst, ohne rote Zahlen zu schreiben. Trotz der Reparationsabgaben in Höhe von 574 Millionen Reichsmark im Jahr 1926 erwirtschaftete sie einen Gewinn von 153 Millionen Reichsmark. Dieses Niveau konnte in den folgenden Jahren gehalten werden.

Auch die Beförderungssteuer, die seit 1917 vom Finanzministerium erhoben wurde, sollte bis zu einem Betrag von 290 Millionen Reichsmark auf das Reparationskonto überwiesen werden. Nimmt man beides zusammen, so hatte die Reichsbahn die Hauptlast der Reparationen des Reiches zu zahlen. Ihr Anteil steigerte sich von 20 Prozent im Jahr 1924/25 auf 70 Prozent im Jahr 1925/26, ging dann etwas zurück und sollte sich ab 1928/29 auf 38 Prozent belaufen. Der Zahlungsmodus änderte sich nach Verabschiedung des Young-Plans 1930, mit dem eine endgültige Regelung der Reparationszahlungen festgelegt wurde. Die Reparations-Schuldverschreibungen wurden in eine jährliche Reparationsabgabe von 660 Millionen Reichsmark umgewandelt. Die Belastung der Reichsbahn mit den Reparationszahlungen endete 1932, als unter dem Eindruck der Weltwirtschaftskrise alle deutschen Reparationsverpflichtungen gegen eine in Schuldverschreibungen zu leistende Restzahlung von 3 Milliarden Reichsmark aufgehoben werden sollten. Sieben Jahre lang stand die Reichsbahn somit finanziell ganz im Dienst der Republik und ihrer internationalen Verpflichtungen.

S. K.

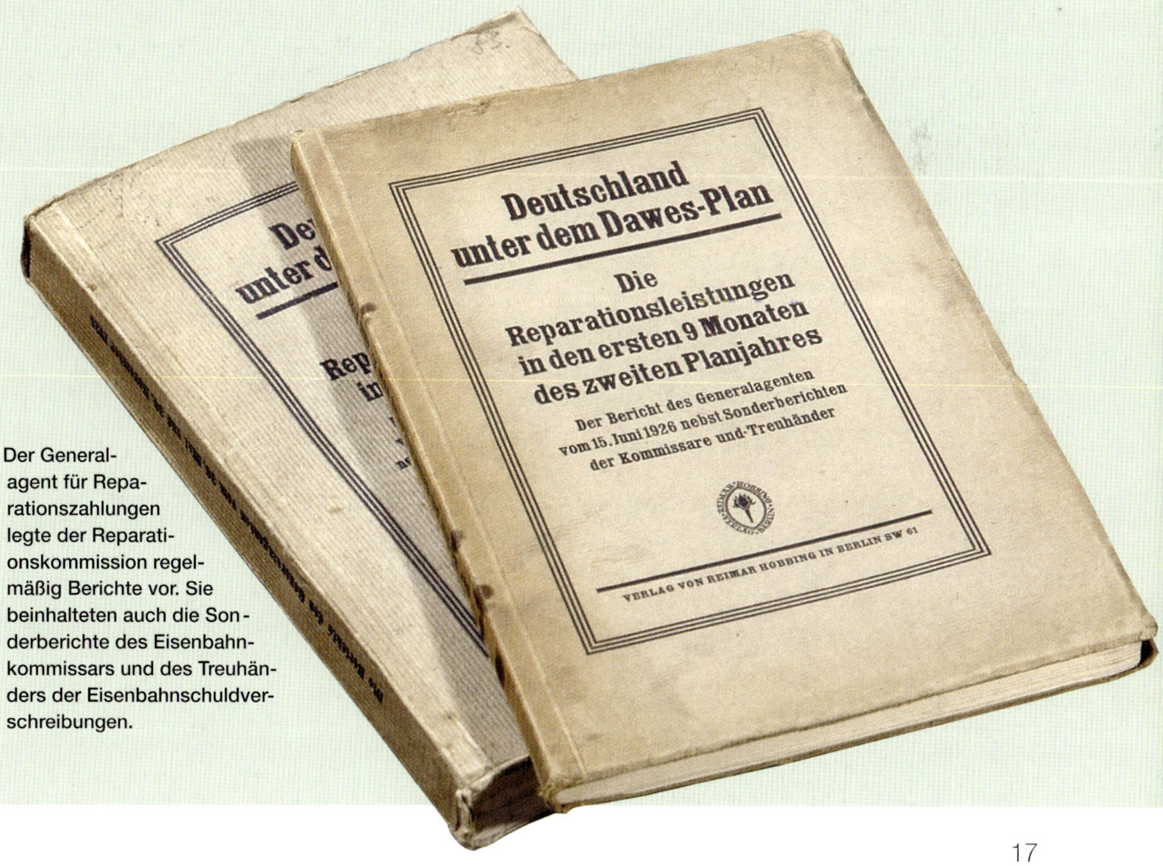

1) Der Generalagent für Reparationszahlungen legte der Reparationskommission regelmäßig Berichte vor. Sie beinhalteten auch die Sonderberichte des Eisenbahnkommissars und des Treuhänders der Eisenbahnschuldverschreibungen.

Der Verwaltungsrat der Deutschen Reichsbahn-Gesellschaft

1) Erste Sitzung des Verwaltungsrates der Deutschen Reichsbahn-Gesellschaft
Sitzend (v.l.n.r.): Sir William Acworth, Eduard Arnhold, Peter Klöckner, Carl Friedrich von Siemens, Rudolf Oeser, Karl Stieler
Stehend (v.l.n.r.): Adolf Sarter, Paul Wolf, David Fischer, Richard Sarre, Franz Ott, Oskar von Miller, Jules Jadot, Johann Wilhelm Buck, Gaston Leverve, Maurice Margot, Giuseppe Bianchini, Vitus von Hertel, Adolf Max von Batocki, Carl Bergmann
27.9.1924

Am 27. September 1924 traf sich der Verwaltungsrat der Deutschen Reichsbahn-Gesellschaft zu seiner konstituierenden Sitzung im Grandhotel Esplanade unweit des Potsdamer Platzes in Berlin. Sowohl seine Zusammensetzung als auch seine Aufgaben waren ungewöhnlich, genauso ungewöhnlich wie die Reichsbahn-Gesellschaft selbst. Hervorgegangen aus den Verhandlungen um die Reparationsschulden war sie eine „Gesellschaft eigenen Rechts mit privatwirtschaftlichem Charakter, aber mit starkem öffentlich-rechtlichen Einschlag", wie es in der Begründung des Reichsbahngesetzes hieß. Keine der im Handelsgesetzbuch vorgeschriebenen Gesellschaftsformen entsprach dieser Konstruktion. Die Stammaktien der Gesellschaft hielt das Deutsche Reich und auch alles bewegliche und unbewegliche Vermögen verblieb im Eigentum des Reichs. Die Bahn dagegen besaß lediglich das Betriebsrecht mit der Verpflichtung zur Instandhaltung und Weiterentwicklung der Anlagen. Wie bei einer Aktiengesellschaft gab es zwei Organe, den Verwaltungsrat und den Vorstand, wobei der Verwaltungsrat mit weit mehr Rechten ausgestattet war als etwa ein Aufsichtsrat. Er ernannte den Generaldirektor und die leitenden Beamten, er stellte den Voranschlag (Haushaltsplan), die Bilanz, die Gewinn- und Verlustrechnung fest, er entschied über die Gewinnverteilung, die Anlegung der flüssigen Mittel, die Besoldungs- und Lohnordnung, und er ermächtigte zur Aufnahme von Anleihen und Krediten zulasten der Gesellschaft.

Der Verwaltungsrat bestand aus 18 Mitgliedern. Je die Hälfte seiner Mitglieder wurde von der Reichsregierung und dem Vertreter der Gläubiger der Reparationsschuldverschreibungen ernannt. Von den neun international zu benennenden Mitgliedern konnten fünf Deutsche sein. Die Verwaltungsratsmitglieder mussten Wirtschaftsexperten oder Eisenbahnfachleute sein; Mitglieder des Reichstags, eines Landtags, der Reichsregierung oder einer Landesregierung durften nicht in den Verwaltungsrat berufen werden. Léon Delacroix, der Vertreter der Gläubigerländer, war politisch so klug, dass er die Kann-Bestimmung, fünf Deutsche und vier Ausländer in den Verwaltungsrat zu entsenden, umsetzte. So konnte der öffentlichen Polemik gegen die „Internationalisierung" der Reichsbahn der Wind aus den Segeln genommen werden, stellten doch die Deutschen die Mehrheit.

Ziel der Bahnreform von 1924 war es, das Geld für den Reparationsschuldendienst des Reiches zu erwirtschaften – also ein gewinnorientiertes Unternehmen zu etablieren – und den Einfluss des Staates auf die Geschäftsführung zurückzudrängen. In dieser Situation war es von Vorteil, dass es gelang, Verwaltungsratsmitglieder von enormer Sachkompetenz und Durchsetzungskraft zu gewinnen. Delacroix benannte drei Eisenbahnfachleute, dazu den Bankier und Vorsitzenden der Münchener Handelskammer Hermann Münchmeyer sowie Oskar von Miller, der sich große Verdienste um die elektrische Energiewirtschaft erworben hatte. Auch die ausländischen Vertreter zeichneten sich durch hohe Sachkompetenz aus. Sir William Acworth hatte federführend an den Verhandlungen zur Gründung der Reichsbahn-Gesellschaft mitgearbeitet. Ihm zur Seite standen Maurice Margot, Generaldirektor der Paris-Lyon-Midi-Eisenbahngesellschaft, Jules Jadot, stellvertretender Generaldirektor der belgischen Eisenbahn und der italienische Bankier Giuseppe Bianchini. Dagegen war die Auswahl der Reichsregierung stärker von landespolitischen Vorgaben bestimmt. Sowohl die Länder Preußen und Bayern als auch einzelne Industriezweige sollten angemessen vertreten sein. Als Präsident war jedoch auch vonseiten der Regierung ein starker Repräsentant der Privatwirtschaft vorgesehen. Dieser Anregung folgte der Verwaltungsrat am 27. September 1924: Zum Präsidenten des Verwaltungsrates wurde einstimmig Carl Friedrich von Siemens gewählt, der bereitwillig sein Abgeordnetenmandat für die Deutsche Demokratische Partei im Reichstag aufgab. Dies war ein Glücksfall für die Reichsbahn-Gesellschaft, denn Carl Friedrich von Siemens war alles andere als ein „Frühstücksdirektor". Neben seinen vielen anderen Verpflichtungen nahm er sich mit besonders großem Engagement der Bahn an. Er war fest davon überzeugt, dass sich die Effektivität der Reichsbahn steigern ließ, regte neue wissenschaftliche Verfahren der Betriebsführung an und setzte sich für die Dezentralisation von Aufgaben ein, um Flexibilität zu gewährleisten und ein Anwachsen der Beschäftigten in der Zentrale zu vermeiden. Besonders aber zeichnete er sich durch seinen souveränen Führungsstil und seine Menschenkenntnis aus. Ihm war es zu verdanken, dass es in dem 18-köpfigen Verwaltungsrat nicht zu Gruppenbildungen kam und deutsche wie ausländische Mitglieder im Dienst der Sache zusammenwirkten. Fest davon überzeugt, dass die Reparationszahlungen zu erwirtschaften waren, betrachtete er es als persönliche Ehrensache, die eingegangenen Verpflichtungen zu erfüllen. Bis 1934 wurde Carl Friedrich von Siemens jährlich zum Präsidenten gewählt. Nach 1933 zog er sich mehr und mehr von allen öffentlichen Ämtern zurück.

S. K.

Inflation: Notgeld der Reichsbahn

Die Hyperinflation führte zu einem Mangel an Zahlungsmitteln. Zwischen Dezember 1922 und November 1923 stieg der Betrag des umlaufenden Geldes um das Dreihundertneunmillionenfache an. Diesen Geldbedarf konnten die Reichsbankdruckereien nicht mehr decken, weshalb Gemeinden und Unternehmen selbst „Notgeld“ druckten. Die größte Verbreitung fand das Notgeld der Deutschen Reichsbahn, das ab Ende Juli 1923 in Umlauf kam. Der überwiegend einseitige Druck und die unterschiedliche Gestaltung der „Oeser-Rubel“ ergaben sich durch den Zeitdruck bei der Produktion.
S.E.

1) **500tausend**
Die Reichsbahndirektionen gaben als erste Reichsbahnstellen Notgeld aus. Der Geltungsbereich blieb zumeist auf die Dienstbezirke begrenzt.

2) **1 Million**
Das Reichsverkehrsministerium brachte ab August 1923 Notgeld der Deutschen Reichsbahn in Umlauf, beginnend mit der Wertstufe von einer Million Mark.

3) **20 Millionen**
Das vom Reichsverkehrsministerium ausgegebene Notgeld sollte die Scheine der Reichsbahndirektionen ersetzen, was aber aufgrund des ständig wachsenden Geldbedarfs nicht gelang.

1

2

3

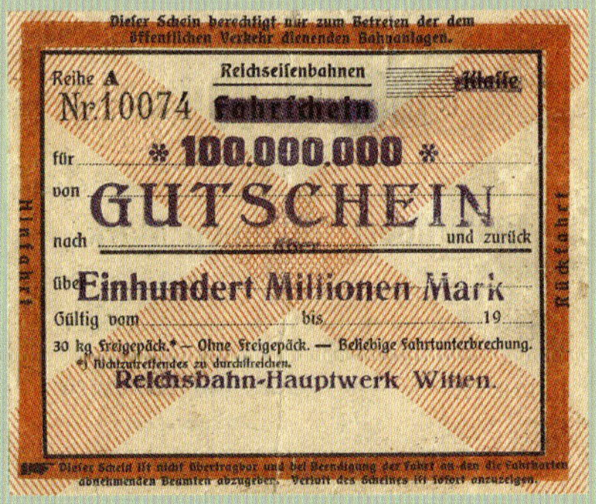

4

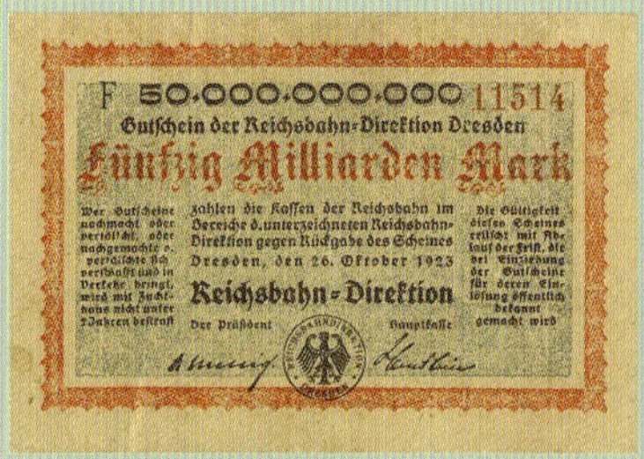

5

6

7

8

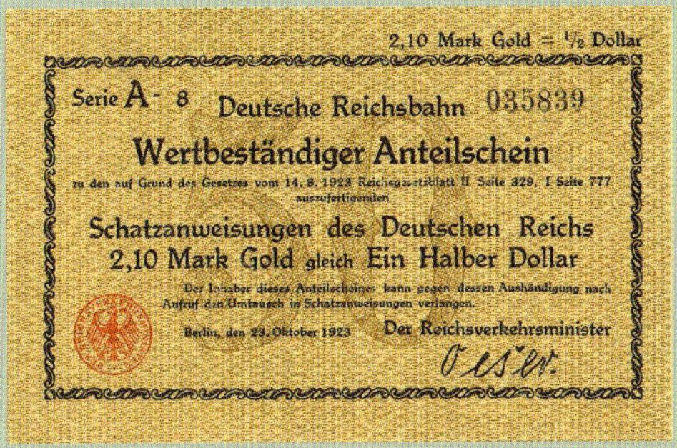

9

10

11

4) **100 Millionen**
Die Reichsbahn hatte offiziell 20 Notgeldausgabestellen. Bei Bedarf druckten jedoch auch einzelne Bahnstellen eigenständig Geld, wie der zweckentfremdete Fahrschein des Reichsbahn-Hauptwerkes Witten zeigt.

5) **50 Milliarden**
Scheine mit niedrigem Wert wurden im Laufe der Inflation völlig entwertet. Ihr Altpapierwert lag bedeutend höher als ihr Nennwert. Nach Einführung der Rentenmark blieben lediglich Scheine ab 10 Milliarden Mark, die einem Rentenpfennig entsprachen, länger im Umlauf.

6) **100 Milliarden**
Die Ausgabe des Reichsbahn-Notgeldes erfolgte – mit Ausnahme der besetzten Gebiete an Rhein und Ruhr – im ganzen Reich.

7) **1 Billion**
Bis zum 15. Juni 1924 und damit noch sieben Monate nach Einführung der Rentenmark war das normale Reichsbahn-Notgeld gültig.

8) **20 Billionen**
Der niedrigste Wert eines Reichsbahn-Notgeldscheines betrug 50.000 Mark, der höchste Wert betrug 20 Billionen Mark.

9+10) **2,10 Mark Gold und 21 Mark Gold**
Gegen Ende der Inflation gab das Reichsverkehrsministerium eine neue, auf Dollar oder Goldmark lautende Art von Notgeld aus. Dabei handelte es sich um „Wertbeständige Anteilsscheine“ zu Goldanleihen des Reiches und um durch Schatzanweisungen des Reiches gedeckte „Wertbeständige Geldscheine“. Das wertbeständige Notgeld konnte bis zum 15. Oktober 1924 eingelöst werden.

11) Das Notgeld wurde nach der Einführung der Rentenmark vernichtet.
1923/24

Selbstanschluss

303

1

Das Fernmeldewesen besitzt für den Eisenbahnbetrieb einen hohen Stellenwert. Die Weitergabe von Informationen über den Fahrtverlauf von Zügen, den Zustand von Streckenabschnitten oder Unfälle sind entscheidend für die Sicherheit und Funktionsfähigkeit des Systems Eisenbahn.

Die Reichsbahn verfügte, nach der Reichspost, über die größten Telegrafenleitungs- und Fernsprechleitungs-Netze in Deutschland. Dabei stellte das Telefon das Kommunikationsmittel der Zukunft dar. Die Zeit des seit Jahrzehnten bei der Eisenbahn bewährten Morse-Apparates ging dagegen langsam zu Ende. Er blieb zwar noch bis nach dem Zweiten Weltkrieg für die schnelle schriftliche Nachrichtenübermittlung unverzichtbar, jedoch deutete sich bereits in den 1920er Jahren seine Ablösung durch den Fernschreiber an.

Nach dem Ersten Weltkrieg und besonders seit 1925 investierte die Reichsbahn verstärkt in ihr Fernmeldewesen. So führte sie die Funktelegrafie ein und bot drahtlose Telefonverbindungen aus dem fahrenden Zug an. Den Schwerpunkt bildete allerdings der Ausbau des Fernsprechnetzes mit Selbstanschlussanlagen, also automatischen Vermittlungsstellen. Der Selbstanschluss ermöglichte eine – heute selbstverständliche – direkte Verbindung mit dem gewünschten Gesprächspartner mittels einer Wählscheibe. So konnten die personal- und zeitintensiven Handvermittlungen ersetzt werden. Darüber hinaus versprach sich die Bahn eine Erhöhung der Betriebssicherheit, bessere Streckenauslastung, weniger Schriftverkehr und schnellere Betriebsabläufe, von Reiseverkehrsaufgaben bis hin zu Verwaltungstätigkeiten. Die Bedeutung eines zuverlässigen und flächendeckenden Kommunikationssystems für ein modernes Verkehrsunternehmen wurde von der Reichsbahn klar erkannt. Die Reichweite der als „Sa“ oder „Sa-Anlagen“ bezeichneten Vermittlungsstellen war zunächst begrenzt auf das Gebiet einer jeweiligen Reichsbahndirektion. Dabei kam es zur Verwendung von Anlagen unterschiedlicher Bauarten, was häufig zu technischen Problemen führte.

Die räumliche Begrenzung sollte zugunsten eines reichsweiten, automatisierten Großnetzes überwunden werden. Um hierfür die technischen Möglichkeiten zu schaffen, wurden ab 1932 einheitliche Selbstanschlussanlagen entwickelt und beschafft. Diese zunächst als „Einheits-Bahnselbstanschlussanlagen“ bezeichneten Vermittlungsstellen erhielten 1933 die bis heute gültige Abkürzung „Basa“. Von 1937 an konnten sich alle Teilnehmer, die zu einer Basa der Reichsbahndirektionen Zugang hatten, selbsttätig anwählen.

S. E.

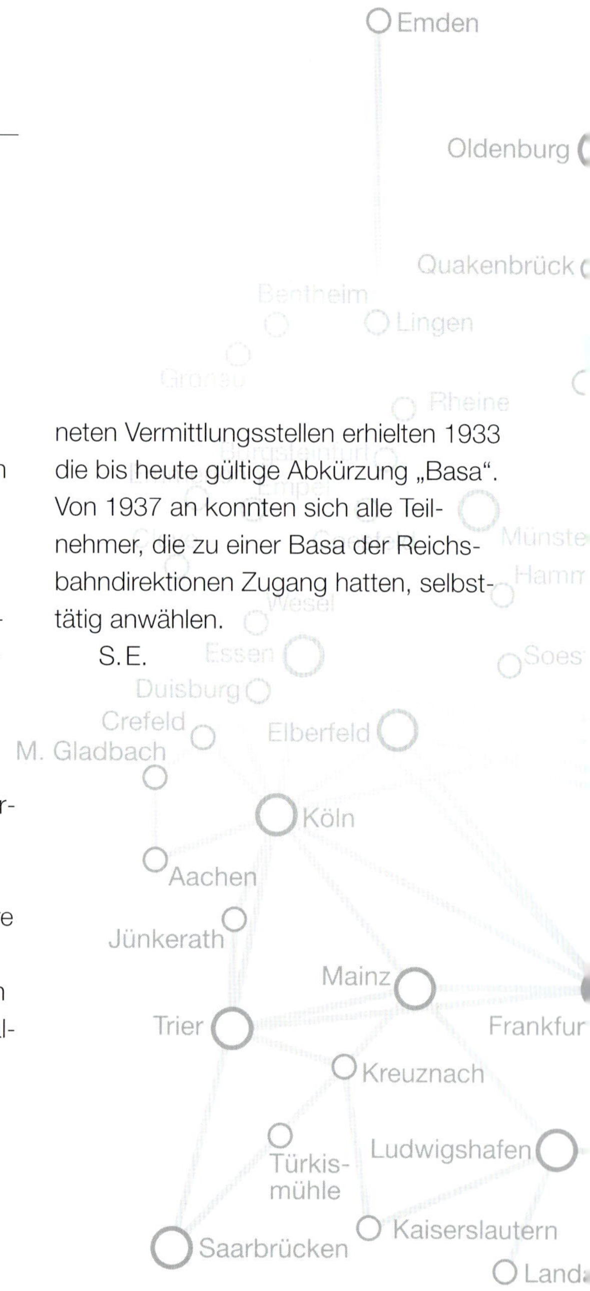

1) Selbstanschluss-Fernsprecher von der Firma Siemens & Halske
Diese Apparate waren bei der Reichsbahn bis Mitte der 1920er Jahre in Gebrauch und wurden dann gegen modernere Telefone ausgetauscht.

2) Werbeanzeige
Die Reichsbahn bezog ihre Fernmeldeanlagen zumeist von den Firmen Siemens & Halske, Mix & Genest und C. Lorenz. Mit der Einführung der Einheits-Basa wurde Siemens & Halske zum Hauptlieferanten.
1931

3) Die Darstellung der technischen Ausstattung der Reichsbahn nahm in den Reichsbahn-Kalendern einen breiten Raum ein.

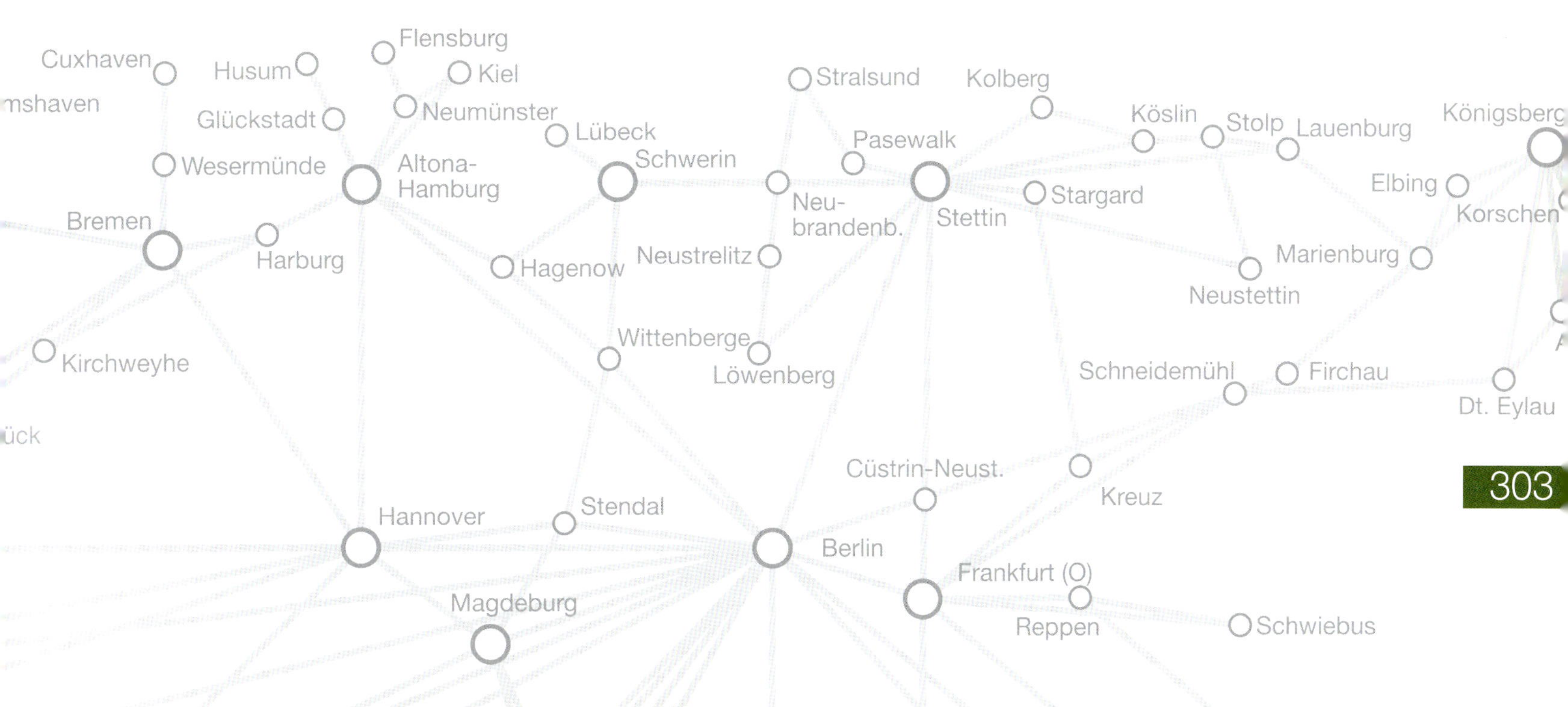

2

10277 NOVEMBER 1931 143

SA 7.34, SU 15.58; MA 14.43, MU 5.35	SA 7.35, SU 15.57; MA 15.01, MU 6.52	SA 7.37, SU 15.56; MA 15.24, MU 8.10
23	**24**	**25**
Montag	Dienstag	Mittwoch
	1916 Mitropa (Mitteleurop. Schlaf- und Speisewagen-A.-G.) gegr.	

Aus dem Betriebe der Reichsbahn

Selbstanschlußämter im Fernsprechbetrieb

Die Betriebsführung der Reichsbahn erfordert schnelle Verständigungsmittel. Die Meldungen über den Zuglauf und die Wagenverwendung sowie die Erledigung der umfangreichen Dienstgeschäfte haben zu einer immer größeren Bedeutung und Belastung

Bild: Siemens & Halske, Berlin-Siemensstadt

Wählersaal eines Selbstanschlußamtes

des Fernsprechers geführt. Da überall, wo ein reger Verkehr herrscht, das Selbstanschlußsystem die Leistungsfähigkeit des Fernsprechnetzes erweitert und das Fernsprechen beschleunigt, hat die Reichsbahn in großem Umfang die automatische Betriebsweise eingeführt. 74 Verkehrsbrennpunkte mit 34000 Teilnehmeranschlüssen sind bereits mit Selbstanschlußämtern ausgerüstet. Die Fernsprechteilnehmer können sich auch die Anschlüsse des öffentlichen Verkehrs innerhalb des Ortsnetzes wählen. Auch Fernleitungen sind an die Selbstanschlußnetze angeschlossen. Der Mittelpunkt eines Selbstanschlußnetzes ist der Wählersaal, in dem sich die gewählten Fernverbindungen selbsttätig schalten.

DEUTSCHER REICHSBAHN-KALENDER

3

Konkurrent Kraftwagen

304 Die Eisenbahn verlor in den 1920er Jahren ihre Monopolstellung im Transportwesen. Die Erfolge von Lastkraftwagen- und Omnibusunternehmen führten seit 1924 zu spürbaren Einbußen bei den Einnahmen der Reichsbahn. Diese unternahm verschiedene unternehmensstrategische und politische Anstrengungen, um der Herausforderung durch die neue Konkurrenz zu begegnen.

Grundsätzlich versuchte sie, das Reise- und Transportangebot ständig zu verbessern. Im Personenverkehr erweiterte die Reichsbahn beispielsweise das Angebot der Sondertarife und senkte auf bestimmten Strecken die Fahrzeiten. Eine Erhöhung der Beförderungsgeschwindigkeit konnte auch im Güterverkehr erreicht werden. Außerdem sollten mit günstigen „Kraftwagen-Tarifen“, die auch als „K-Tarife“ oder von den Konkurrenten als „Kampf-Tarife“ bezeichnet wurden, Kunden gebunden oder von den Speditionen zurückgewonnen werden.

Mit einem eigenen Eisenbahnkraftwagenverkehr wollte die Reichsbahn die Vorteile des Kraftwagens für sich selbst und für den Wettbewerb nutzen. Hierzu zählten der Aufbau von Omnibuslinien in Gegenden mit schlechter oder fehlender Bahnanbindung und der Einsatz von Lastkraftwagen für Zubringerdienste. Auch wurden mit Verkehrsgesellschaften Kooperationsverträge abgeschlossen, um schädigende Konkurrenz zu vermeiden. 1929 sicherte sich die Reichsbahn durch ein Kraftfahrabkommen mit der Reichspost Einfluss auf das größte

1

7

2

3

4

5

6

1) Werbeplakat für Spezialtransporter
1926 entstand aus den Firmen Benz & Cie. und Daimler-Motoren-Gesellschaft die Daimler-Benz AG. 1923 hatte Benz & Cie. die ersten Lastwagen mit betriebsfähigen Dieselmotoren gebaut. · 1929

2) Fließbandfertigung in Köln-Niehl
Die amerikanische Ford Motor Company gründete 1925 in Berlin eine Tochtergesellschaft. 1931 wird Köln zum Stammsitz der deutschen Ford AG. Das T-Modell von Ford, die „Tin-Lizzie" oder „Blechliesel", war das erste in Fließbandproduktion hergestellte Automobil der Welt. · 1931

3) Ford · Um 1932

4) Opel · Um 1927

5) Opel Blitz · 1932

6) Mercedes-Benz, Oberdeck-Omnibus · Um 1928

7) Opel-Werbeschild
Opel war in der ersten Hälfte der 1920er Jahre der größte deutsche Automobilhersteller. Um 1930

8) Blechspielzeug

8

Omnibusunternehmen in Deutschland: Unter der Bezeichnung „Kraftpost" betrieben Bahn und Post gemeinsame Linien und richteten die durchgehende Abfertigung von Bahn- und Bus-Reisenden ein. Einen spektakulären Versuch, das Eisenbahn-Monopol zu verteidigen, stellte 1931 die geheime Übernahme der Spedition Schenker & Co. dar. Die Reichsbahn plante, das Speditionsgewerbe mit Hilfe des größten deutschen Fuhrunternehmens über eine reichsweite Gebührenordnung zu kontrollieren.

Als besonders zeitgemäße Maßnahme ist der Ausbau der Verkehrswerbung anzusehen. Dabei umfasste das zeitgenössische Verständnis von Verkehrswerbung nicht nur die Reklame im In- und Ausland, sondern allgemein die „möglichste Steigerung der Qualität der Ware, d. h. des Transports". Das schloss die Ausstattung der Bahnhöfe oder benutzerfreundliche Kursbücher ebenso mit ein wie das Verhalten des Personals. Die Reichsbahn wollte sich mit Hilfe von mehr Service und Öffentlichkeitsarbeit als kundenorientierter Dienstleister präsentieren. Die Umsetzung der Vorgaben erfolgte auf vielfältige Weise. Es wurden spezielle Kursbücher für den Güter-, Regional- und Fernreiseverkehr angeboten und besondere Auskunfteien eingerichtet. Zudem

1

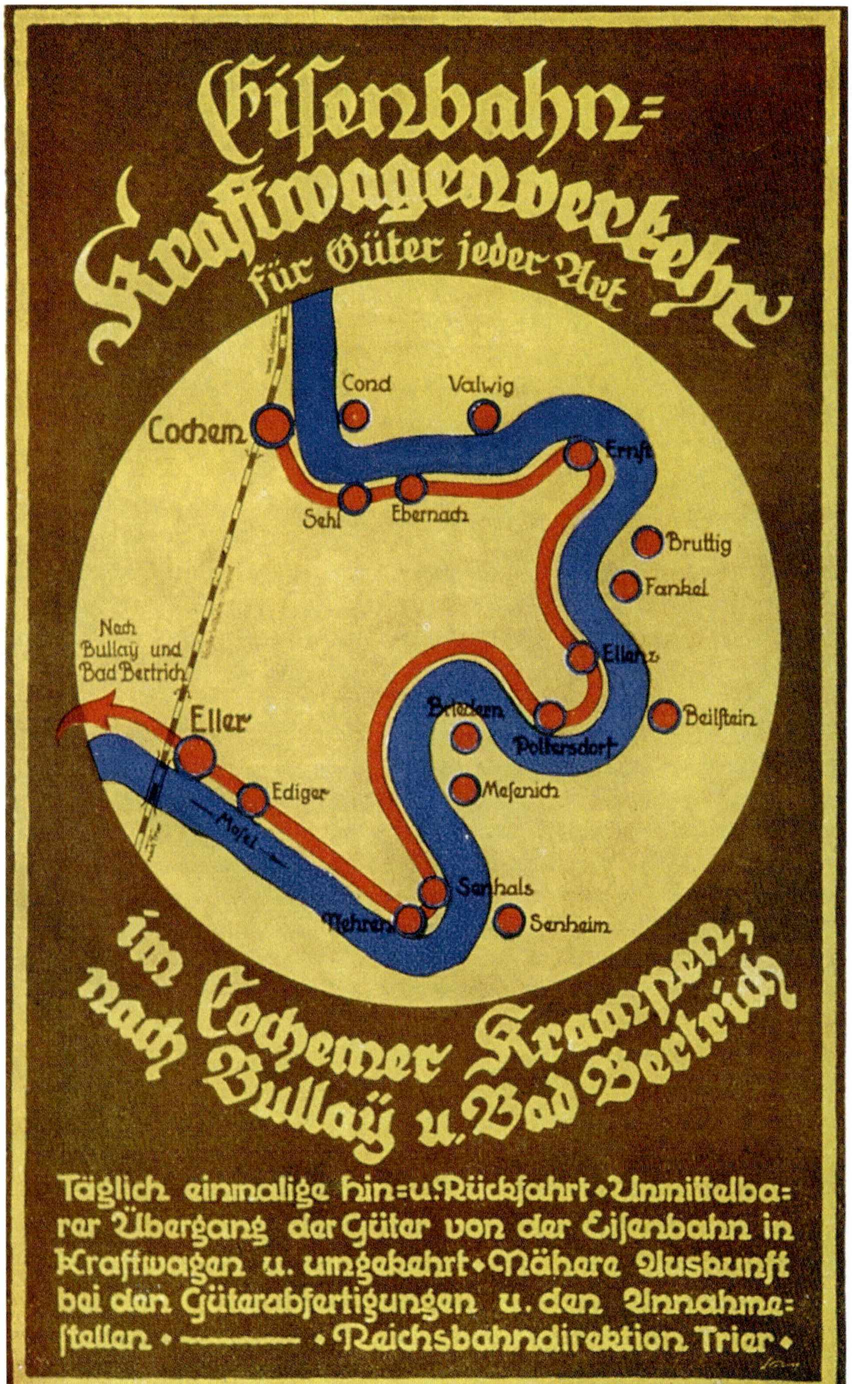

2

3

1) Werbeplakat für den lokalen Eisenbahnkraftwagenverkehr der Reichsbahndirektion Trier
Die Reichsbahndirektion Essen warb 1925 als erste Reichsbahnstelle mit Werbeplakaten für ihre Verkehrseinrichtungen.
Um 1926

2) Haltestellenschild
1930 betrieb die Reichsbahn gemeinsam mit der Reichspost 50 Omnibuslinien.
Um 1930

3) Haltestellenschild
1924 richtete die Reichsbahn ihre erste Überlandomnibusstrecke zwischen Gleiwitz und Tieferstädtel im Bezirk der Reichsbahndirektion Oppeln ein. 1930 bediente sie 14 eigene „Personenverkehre“.
Um 1929

wurde die Verkehrswerbung zum Lehrstoff im Dienstunterricht. Dieser hatte zum Ziel, dass die Reichsbahner ihre aus Zeiten des Eisenbahnmonopols stammende „Beamtenmentalität“ überwinden sollten, wie es in einem Lehrbuch für Dienstanfänger heißt. Man verlangte jetzt „in hohem Maße kaufmännischen Geist, d. h. die Einstellung auf die Bedürfnisse und Wünsche des Kunden“.

Die Professionalität der Öffentlichkeitsarbeit der Reichsbahn spiegelte sich in verschiedenen Einrichtungen wider. Sie verfügte über einen Pressedienst, zwei Filmstellen und verschiedene regelmäßig erscheinende Publikationen. Mit der „Reichsbahnzentrale für den Deutschen Reiseverkehr“ (RDV) besaß das Unternehmen eine eigene Werbeagentur für das In- und Ausland. Die RDV war 1928 aus der acht Jahre zuvor gegründeten „Reichszentrale für Deutsche Verkehrswerbung“ hervorgegangen, die zu 90 Prozent von der Reichsbahn finanziert worden war. Sie beteiligte sich an Ausstellungen, gab die Deutschen Verkehrsbücher mit Reiseinformationen in verschiedenen Sprachen heraus, produzierte Plakate und nutzte moderne Medien wie Film und Radio.

Nicht nur gegenüber der Konkurrenz, sondern auch gegenüber der Politik kämpfte die Reichsbahn um ihre Position. Von der Reichsregierung forderte sie zunächst Gesetze zur Zurückdrängung des Kraftfahrzeugs. Da sie dies nicht durchsetzen konnte, verwies sie auf ihre Benachteiligung gegenüber anderen Verkehrsträgern. Während die Eisenbahn einer Beförderungspflicht unterlag und für den Unterhalt des Schienennetzes selbst zu sorgen hatte, waren die Spediteure solchen Belastungen nicht ausgesetzt. Zumindest die Voraussetzungen des Wettbewerbes zwischen Schienen- und Kraftwagenverkehr müssten gleich sein, forderte die Reichsbahn 1930.

Letztendlich konnten alle ihre Anstrengungen den Siegeszug des Kraftwagens nicht verhindern. Aber die offensive und marktorientierte Haltung der Reichsbahn hatte durchaus positive Folgen. Das moderne Erscheinungsbild des Unternehmens ergab sich zu einem wesentlichen Teil aus dem ständigen Bemühen, im Wettbewerb mit dem Konkurrenten Kraftwagen zu bestehen.

S.E.

4) Aus dem Geleitwort: „Dieses Buch wird daher dem Zwecke dienen, für den es geschrieben ist, nämlich: zur Aufklärung als Eisenbahnwegweiser für jedermann.“ 1927

5) Abteilung der Reichsbahn auf der „8. Jahresschau Deutscher Arbeit – Reisen und Wandern“ in Dresden 1929

4

5

Verkehrswerbung

Die Notwendigkeit der Verkehrswerbung

Der Begriff der Werbung
Für die Reichsbahn werben, heißt: den Kunden (Reisenden, Verfrachter) zur Benutzung der Eisenbahn heranziehen und ihm alles fern zu halten, was ihm die Benutzung der Eisenbahn verleidet. Was das im einzelnen bedeutet, kann jeder Bedienstete am besten beobachten, wenn er selbst als Reisender oder Verfrachter die Eisenbahn benutzt.

Man wirbt in doppelter Weise: Einmal durch eine besonders gute Beförderung. Sie muß billig, schnell, bequem und sicher sein. Ihre Güte hängt im besonderen Maße von der kaufmännischen Einstellung des Personals und von seinem Eifer ab.

Sodann durch besondere Werbemittel, zu denen namentlich die Werbeorganisationen (Werbebüros, besondere Gesellschaften usw.), und die eigentliche Reklame (Presse, Werbeschriften, Plakate usw.) gehören.

Deutsche Reichsbahn-Gesellschaft. Lehrstoffhefte für die Dienstanfängerschule. Lehrfach Verkehrswerbung, 1932

1) Abteilung der Reichsbahn auf der „6. Jahresschau Deutscher Arbeit – Das Papier“ in Dresden Wichtige Bestandteile der Werbetätigkeit der Reichsbahn waren Beteiligungen an Ausstellungen. 1927

2

3

2) Werbeplakat für einen Verkehrswerbefilm der Reichsbahn
1927

3) Werbeplakat der Reichsbahnzentrale für den Deutschen Reiseverkehr
Um 1929

4) Der Pressedienst der Reichsbahn gab eine Heftreihe heraus, die Werbung und Information verband. Die Hefte wurden häufig auch für den Schulunterricht verwendet.
1930

5) Adolf Sarter war Präsident der Reichsbahndirektion Trier und gehörte zu den größten Befürwortern einer modernen Verkehrswerbung. Sein Buch wurde zum Standardwerk.
1927

4

5

FEBRUAR 1929

22

SA 7.16, SU 17.14; MA 10.15, MU 1.48

17

Sonntag

Der Reichsbahn-Kalender auf der Pressa

Der Reichsbahn-Kalender auf der Pressa

Auf der internationalen Presseausstellung in Köln hat auch der seit dem Jahre 1927 erscheinende Deutsche Reichsbahn-Kalender seinen Platz gehabt. Mehr als 30 der wirkungsvollsten Kalenderblätter waren in einem Sammelrahmen vereinigt ausgestellt und veranschaulichten die Aufgabe des Kalenders, weiten Kreisen ein klares und leicht faßliches Bild von der Tätigkeit und den Einrichtungen der Reichsbahn zu geben.

DEUTSCHER REICHSBAHN-KALENDER

Der „Deutsche Reichsbahn-Kalender" erschien von 1927 bis 1943 in hohen Auflagen. Er gehörte zu den erfolgreichsten Werbepublikationen der Reichsbahn. Für jedes Jahr wurde ein Schwerpunktthema festgelegt, das beispielsweise 1930 „Mit der Reichsbahn durch deutsche Lande" lautete.
Nach der Machtübernahme der Nationalsozialisten verlor der Herausgeber des Kalenders und Pressechef der Reichsbahn Hans Baumann sein Amt. Der Kalender wurde zum Instrument politischer Propaganda.

82

JULI 1930

SA 3.44, SU 20.23; MA 12.38, MU 23.54 ☽	SA 3.45, SU 20.22; MA 14.00, MU 0.00	SA 3.46, SU 20.22; MA 15.22, MU 0.06
3	**4**	**5**
Donnerstag	Freitag	Sonnabend
		1892 Betriebsordnung für Haupteisenbahnen Deutschlands statt Bahnpolizeireglements von 1871 eingeführt. 1892 Bahnordnung für Nebenbahnen eingef.

Bild: Thümler, Dresden

Schnellzug Hamburg-Westerland (Sylt) auf dem Hindenburgdamm

Mit der Reichsbahn durch deutsche Lande

Auf dem Hindenburgdamm durchs Wattenmeer

„Auf neuem Weg und neuem Land zum Sylter Strand." Die Zuweisung der beiden deutschsprachigen Verkehrspunkte Tondern und Hoyer an Dänemark beraubte uns eines wichtigen Verkehrsweges nach der größten aller deutschen Nordseeinseln, Sylt. Unermüdlicher Fleiß deutscher Ingenieure und Arbeiter ruhte nicht eher, bis unter großen finanziellen Opfern der Deutschen Reichsbahn und des preußischen Staates das Wunderwerk des Hindenburgdammes zustande kam, der am 1. Juni 1927 im Beisein des Reichspräsidenten von Hindenburg seiner Bestimmung übergeben werden konnte.

Von Klanxbüll an der Westküste Schleswig-Holsteins erstreckt sich der 11 Meter breite Damm 11 Kilometer lang durch das Wattenmeer nach Nösse, dem östlichen Dorfe Sylts. Von hier führt die Eisenbahn weiter quer durch die Insel bis zu dem beliebten Badeort Westerland, der größten Stadt der Insel.

Mit einem Aufwand von 22 Millionen Mark ist durch hingebende Arbeit hier ein Werk vollbracht worden, das es ermöglicht, mit dem Schnellzug von Hamburg aus, entlang der holsteinischen Küste, den schönen Strand bei Westerland in fünf Stunden zu erreichen. Täglich verbinden fünf Personenzug- und drei Schnellzugpaare die Insel mit dem Festland.

Unser Bild zeigt das Wattenmeer zwischen dem Festland und der Insel Sylt bei Flut. Auf dem hohen Damm braust der Schnellzug dahin, der 1928 über 35000 Besucher nach Sylt brachte und dazu beiträgt, dieses Bollwerk der deutschen Nordsee eng mit dem Mutterlande zu verbinden.

DEUTSCHER REICHSBAHN-KALENDER

10230

JANUAR 1931

9

SA 8.02, SU 16.20; MA 8.35, MU 15.29

18

Sonntag

1899 Militärtransportordnung eingeführt.

Die Reichsbahn im Dienste der Technik

Propellertriebwagen

Am 18. Oktober 1930 wurde von Dipl.-Ing. Franz Kruckenberg (Gesellschaft für Verkehrstechnik) auf der von der Reichsbahn zu Versuchszwecken zur Verfügung gestellten Reichsbahnstrecke Hannover–Celle der Öffentlichkeit ein wie ein Flugzeug betriebenes, auf Schienen laufendes Fahrzeug vorgeführt. In Stromlinienform gebaut, mit Explosionsmotor angetrieben, wurde auf gerader Strecke eine Geschwindigkeit von 180 km/Stunde erzielt. Die hohe Anfahrbeschleunigung von 0,58 m/Sek.² und der ruhige Lauf des besonders leicht konstruierten Fahrzeugs berechtigen zu den Erwartungen, daß bei weiterer Durchbildung und Erprobung auch für den Verkehr der Reichsbahn Nutzen geschaffen werden kann. Die Reichsbahnverwaltung leistet den Versuchen jede mögliche Unterstützung.

Bild: Lill, Hannover

Versuchsfahrt mit dem Propellertriebwagen in der Lüneburger Heide

Bild: Lill, Hannover

Seitenansicht des Propellertriebwagens

DEUTSCHER REICHSBAHN-KALENDER

„Tag für Tag wollen wir uns durch die Bilder des Abreißkalenders das Wirken unserer Reichsbahn vor Augen führen. Die schönen Darstellungen von Künstlerhand geben ein Gesamtbild des größten Verkehrsgebildes der Welt.
Wer die einzelnen Blätter aufheben will, wird sie in Mappen allmählich zu einem Bilderatlas der Deutschen Reichsbahn vereinigen und dem Kalender dadurch über seinen Tageswert hinaus die Bedeutung eines kulturhistorischen Sammelwerkes geben können."

Hans Baumann, Vorwort zum Deutschen Reichsbahn-Kalender 1927

Der Fall Schenker

Ein Kooperationsvertrag der Deutschen Reichsbahn-Gesellschaft (DRG) mit der Spedition Schenker & Co. war der Anlass für einen Wirtschaftskrimi, der das politische und wirtschaftliche Deutschland monatelang beschäftigte und schließlich sogar die Reichsregierung ins Straucheln brachte. Dabei gelang es der Deutschen Reichsbahn-Gesellschaft, den Güterverkehr auf der Straße für einige Jahre wieder zurückzudrängen.

Ende der 1920er Jahre verschlechterte sich die Ertragslage der Deutschen Reichsbahn-Gesellschaft im Güterverkehr zusehends. Die zunehmende Konkurrenz der Lastkraftwagen machte sich in der Bilanz negativ bemerkbar. Der Lkw war mittlerweile durch viele technische Neuerungen zu einem ernsthaften Rivalen der Bahn geworden. Sein größter Vorteil war die Möglichkeit, die Güter von Haustür zu Haustür zu befördern, was im Vergleich zum Transport durch die Eisenbahn viel Zeit sparte und durch Umladen verursachte Schäden vermied. Die Speditionen transportierten dabei vor allem Stückgut, das bisher der Bahn hohe Einnahmen gesichert hatte. Mit diesen Einnahmen hatte die Bahn die gesetzlich vorgeschriebenen niedrigen Tarife für den Transport von Massengütern wie Kohlen finanziert.

Hierzu kam ein weiterer systembedingter Nachteil: Güter, die mit der Bahn transportiert wurden, mussten immer zunächst an die Bahnhöfe geliefert oder von dort zum Kunden gefahren werden. Die unterschiedlichen Forderungen der damit beauftragten Speditionen machten es der Bahn unmöglich, einheitliche Tarife für den Güterverkehr im Reich aufzustellen. Gleichzeitig waren die Gebühren für diese kurzen Transporte zu einem ernstzunehmenden Kostenfaktor im Kampf gegen den Lkw geworden.

Die Politik reagierte nicht auf Forderungen der Reichsbahn, den Lkw-Verkehr zugunsten der Eisenbahn einzuschränken. Die Führung der Deutschen Reichsbahn-Gesellschaft beschloss daher Anfang der 1930er Jahre, das Problem auf eigene Faust zu lösen und schloss, ohne die Regierung vorher zu konsultieren, am 5. Februar 1931 mit der größten Spedition in Deutschland, der Firma Schenker, einen geheimen Kooperationsvertrag ab. Dieser sogenannte Schenker-Vertrag sicherte der Spedition das exklusive Recht zu, reichsweit Güter von und zu den Bahnhöfen zu transportieren. Schenker konnte dieses Recht auch an andere Speditionen vor Ort abtreten. Diese Speditionen mussten sich im Gegenzug dazu verpflichten, keinen Güterfernverkehr mehr zu betreiben und die von der Bahn festgelegten Tarife zur Beförderung der Güter zu akzeptieren.

Damit aber nicht genug: Bereits eine Woche zuvor hatte die Deutsche Reichsbahn-Gesellschaft in einem ebenfalls geheimen Abkommen das Unternehmen Schenker gekauft. Die Geheimhaltung dieses Vertrags war von umso größerer Bedeutung, als die Reichsbahn als Pfand für Reparationsleistungen des Deutschen Reiches diente. Man befürchtete, dass mit dem Bekanntwerden des Kaufs neue Diskussionen um die Höhe der Entschädigungen entfacht würden.

Während der Kauf weiterhin geheim blieb, wurde der Kooperationsvertrag zwei Wochen später doch publik. Dies löste aus verschiedenen Gründen Empörung in der deutschen Öffentlichkeit aus. Den heftigsten Widerspruch äußerten natürlich die Spediteure, die in dem Vertrag ein „systematisches Abwürgen des gewerblichen Fernkraftverkehrs" sahen. Vor allem aber wurde kritisiert, dass ein Unternehmen, das sich im Besitz des Reiches befand, ohne Einverständnis der Regierung einen solchen weitreichenden Vertrag abgeschlossen hatte. Der Vertragsabschluss erweckte den Eindruck, die Reichsregierung habe ihr größtes und wichtigstes staatseigenes Unternehmen nicht unter Kontrolle. Die Politik reagierte und zwang die DRG-Spitze zu neuen Verhandlungen.

Die Bahn lenkte schließlich ein. Der Teil des Vertrages, der Schenker das alleinige Recht, an Bahnhöfen als Spedition tätig zu sein, zusicherte, wurde mit dem Bahnspeditionsvertrag vom 6. Dezember 1931 ungültig. Allerdings wurde ein wichtiges Anliegen der Bahn nun umgesetzt: Die Bahn konnte die Tarife, die für den Transport der Güter von und zum Bahnhof erhoben wurden, jetzt selbst festlegen und damit vereinheitlichen. Zudem vereinfachte das weit verzweigte Filialnetz der Firma Schenker den Kontakt zum Kunden und verbesserte den Informationsfluss über anstehende Gütertransporte.

Die Tatsache, dass – wie sich erst zwei Jahre nach dem Kauf schließlich herausstellte – Schenker bei Vertragsabschluss praktisch bankrott war und somit die Deutsche Reichsbahn-Gesellschaft einen viel zu hohen Preis für das Unternehmen bezahlt hatte, fiel wegen der vielen Vorteile, die die Bahn aus diesem Abschluss zog, nur wenig ins Gewicht. Der Kauf der Firma Schenker konnte bis 1937/38, als die Reichsbahn wieder der Hoheit des Reiches unterstellt wurde, geheim gehalten werden.

J. B.

Schenker & Co
INTERNATIONALE
TRANSPORTE

1) Containerverkehr
Schenker besaß 1930 in
Deutschland 78 Filialen.

Wertvolle Güter

305

1

2

Der Güterverkehr bildete das wirtschaftliche Rückgrat der Reichsbahn. Rund zwei Drittel der Gesamteinnahmen wurden in diesem Bereich erzielt. Die Wirtschaftlichkeit des gesamten Eisenbahnbetriebs hing also stark vom Güterverkehr und damit von der allgemeinen Wirtschaftslage ab.

In den ersten Nachkriegsjahren fuhr die Eisenbahn nur Verluste ein. Die Zuspitzung der politischen Krise Anfang 1923 machte die Anzeichen einer Erholung schnell wieder zunichte. Erst nach der Beilegung des Konfliktes um die Reparationen durch die Verabschiedung des Dawes-Planes stabilisierten sich die Verhältnisse. Von 1925 bis 1929 erzielte die Reichsbahn erhebliche Überschüsse, die zur Bildung von Rücklagen genutzt wurden. Mit Hilfe dieses finanziellen Polsters konnte der Rückgang des Verkehrsaufkommens in den Jahren der Weltwirtschaftskrise von 1929 bis 1932 überstanden werden.

Eine starke Einschränkung ihrer wirtschaftlichen Handlungsfähigkeit erfuhr die Reichsbahn anfangs durch politische und gesetzliche Vorgaben. Bis 1924 wurde sie von der Regierung als Instrument zur Steuerung der Volkswirtschaft und zur Bekämpfung der Arbeitslosigkeit herangezogen. Die Situation änderte sich erst mit der Gründung der Reichsbahn-Gesellschaft. Die politische Einflussnahme entfiel weitgehend zugunsten einer größeren wirtschaftlichen Selbstbestimmung. Dennoch blieben einige gesetzliche Verpflichtungen. Hervorzuheben ist zum einen die Betriebspflicht, d.h., die Bahn hatte eine flächendeckende Verkehrsversorgung zu gewährleisten und konnte unrentable Strecken nicht eigenständig stilllegen. Zum anderen blieb die Einschränkung bei der Tarifgestaltung bestehen. Tarifänderungen durfte die Reichsbahn auch nach 1924 nur mit Genehmigung der Reichsregierung vornehmen. Während die Reichsbahn eine gewinnorientierte Tarifgestaltung anstrebte, war die Regierung aus sozialpolitischen und volkswirtschaftlichen Gründen an niedrigen Bahntarifen interessiert. Dies führte häufig zu Konflikten über die Erhöhung von Tarifen. Konnten die Konfliktparteien keine Einigung erzielen, wurde das „Reichsbahngericht" zur Entscheidung angerufen. Das Reichsbahngericht war mit der Gründung der Reichsbahn-Gesellschaft eingerichtet worden, um Streitfälle zwischen der Regierung und der Reichsbahn zu verhandeln. Diese Einschränkungen ihrer Handlungsfreiheit erwiesen sich aus Sicht der Bahn – besonders angesichts der aufkommenden Konkurrenz durch den Kraftwagen – als großes Problem für die Wirtschaftlichkeit des Güterverkehrs.

1) Modell eines Kühlwagens
Mitte der 1920er Jahre erfolgte die Indienststellung der ersten Reichsbahn-Kühlwagen für den Transport leicht verderblicher Güter.
Maßstab 1:10

2) Modell eines fahrbaren Großbehälters
In der zweiten Hälfte der 1920er Jahre führte die Reichsbahn den Behälterverkehr als Transportangebot ein. Besondere Bedeutung erlangte er für die Stückgutbeförderung.
Maßstab 1:10

5

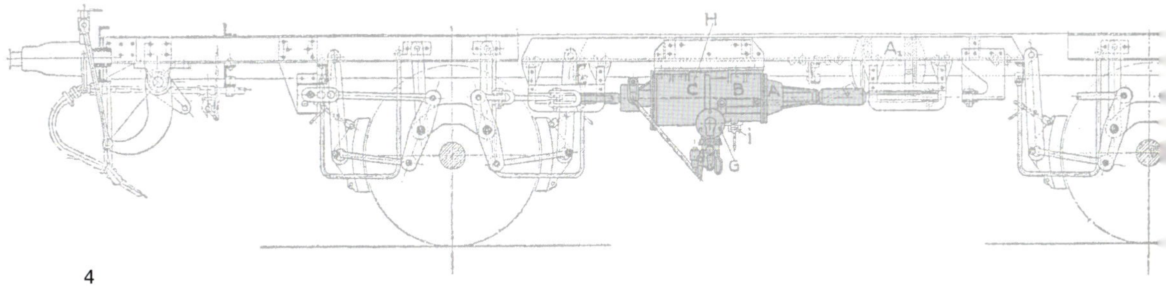

3

4

3) Werbe-Anzeige
Die Knorr-Bremse GmbH wurde 1905 in Berlin gegründet und 1911 in eine Aktiengesellschaft umgewandelt.
Um 1928

4) Güterzug mit Kunze-Knorr-Bremse im Bahnhof Oberhof/Thüringen

5) Untergestell eines Güterwagens mit Kunze-Knorr-Güterzugbremse
Der Bremszylinder ist hervorgehoben.
1922

6) Steuerventil einer Kunze-Knorr-Güterzugbremse

6

1

2

Der große Anteil des Güterverkehrs an den Einnahmen macht deutlich, wie wertvoll die Güter für die Reichsbahn waren und warum sie sich ständig darum bemühte, diesen Geschäftszweig zu modernisieren.

Die wichtigste technische Innovation stellte die Ausrüstung der Güterwagen mit Kunze-Knorr-Güterzugbremsen dar, einer durchgehenden, automatischen Druckluftbremse. Diese ermöglichte die Bremsung eines Zuges allein durch den Lokomotivführer. Zuvor erfolgte der Bremsvorgang durch auf einzelne Wagen des Zuges verteilte Bremser, die auf Dampfpfeifensignale des Lokführers Handspindelbremsen betätigten. Mit der Einführung der Kunze-Knorr-Druckluftbremse hatten bereits die Länderbahnen 1918 begonnen. Die Reichsbahn setzte die Anschaffung Anfang der 1920er Jahre fort. Bis 1927 waren die meisten der rund 640.000 Güterwagen mit der neuen Technik ausgestattet.

Die Kunze-Knorr-Bremse stellte einen erheblichen Fortschritt dar. Durch den Sicherheitsgewinn ließ sich das Fahrtempo steigern und auch auf steilen Gefällestrecken konnten jetzt längere Güterzüge fahren. Beides führte zu einer Verkürzung der Wagenumlaufzeiten. Zudem fiel fast der gesamte Berufszweig der Bremser weg, wodurch die Reichsbahn rund 20.000 Arbeitsplätze einsparte.

Auch andere Maßnahmen trugen zur Modernisierung des Güterverkehrs bei: Aus der Weiterentwicklung der Rangiertechnik resultierte eine Verkürzung der Rangierzeiten, was eine erhebliche Senkung der Betriebsausgaben bewirkte. Die Erneuerung des Oberbaus bildete die Grundlage für höhere Geschwindigkeiten und größere Zuglasten. Die Einführung von Großgüterwagen und Spezialfahrzeugen wie Kühlwagen oder die Aufnahme des Behälterverkehrs für einen „Von Haus zu Haus"-Service stellten eine Erweiterung des Transportangebotes dar.

Das durch den Wettbewerb geweckte Dienstleistungsbewusstsein bedingte zudem verschiedene Service-Angebote für Bahnkunden. In Berlin wurde eine „Reichsbahn-Auskunftei für den Güterverkehr" eingerichtet. Ein amtliches und regelmäßig erscheinendes Güterkursbuch legte die Reichsbahn ab 1925 vor, das schnell internationale Nachahmer fand. Erstmalig in der deutschen Eisenbahngeschichte erfolgte auch eine direkte und systematische Werbung für den Gütertransport. Neben Plakaten, Broschüren oder Filmen sollte ein 1925 eingerichtetes Werbebüro für den Güterverkehr neue Kunden gewinnen.

S.E.

**1) Die Aufgabe der zentralen Auskunftei bestand in der kostenlosen Beratung, Kalkulation, Auskunfterteilung sowie der Zurverfügungstellung sämtlicher Tarife in gedruckter Form.
Um 1929**

**2) Das Plakat der Reichsbahndirektion Trier ist eines der frühesten Werbeplakate für den Güterverkehr.
Um 1926**

3

4

3) Nürnberg-Nordostbahnhof,
Schalterraum der Güterabfertigung
1934

4) Nürnberg-Rangierbahnhof,
Güterzug bei Nacht
1931

Einheitsloks und neue Ordnung

1

1926, neue Anstrichvorschriften: schwarz/roter Regelanstrich für Dampflokomotiven

Oberhalb des Umlaufs
Der schwarze Anstrich hatte optische Gründe und ließ die Verschmutzung der Dampflokomotiven weniger auffallen.

Unterhalb des Umlaufs
Der rote Anstrich erleichterte das Erkennen von Rissen und sollte vor den Gefahren des Triebwerkes warnen.

1) Modell der Baureihe 44 1926 wurde die erste schwere Güterzuglokomotive der Baureihe 44 gebaut. Maßstab 1:10

Die Reichsbahn hatte von den Länderbahnen rund 30.000 Lokomotiven geerbt. Dabei wies 1923 der Bestand 210 verschiedene Lok-Typen auf. Dieser Umstand erklärt sich aus den jeweiligen Vorlieben der Länderbahnen für bestimmte Bauarten und der Tradition, heimische Hersteller zu beauftragen.

Die deutschen Lokhersteller und Bahnverwaltungen verwendeten bis 1918 regional verschiedene Bezeichnungen und Konstruktionsnormen für die Bauteile der Lokomotiven. Die Reparatur einer Lok außerhalb der Heimatwerkstätte war somit fast unmöglich. Es bedurfte für jeden Maschinentyp Personal mit besonderen Kenntnissen, spezielle Werkzeuge und Ersatzteile, die zeitaufwändig angefertigt oder von der Herstellerfirma bezogen werden mussten. Dieser Umstand verursachte der Reichsbahn große Kosten und Verwaltungsprobleme. So bestand zunächst eine große Aufgabe darin, Ordnung zu schaffen.

Um eine wirtschaftliche Betriebsführung und eine einfachere Verwaltung zu ermöglichen, stellte die Reichsbahn verschiedene Grundsätze auf: Zukünftig sollte es nur noch auf wenige Typen begrenzte Einheitslokomotiven geben. Für deren Konstruktion galt, dass sie aus genormten und austauschbaren Teilen bestehen und viele Bauelemente für mehrere Typen verwendbar sein sollten. Diese Grundsätze dienten als Richtlinien für den Bau neuer Fahrzeuge, wobei die Erfahrungen mit den Länderbauarten genutzt wurden. Die unterschiedlichen Lokomotiv-Kennzeichnungen der Länderbahnen sollten zugunsten eines einheitlichen Nummernschemas aufgegeben werden.

Bei den Planungen für die Einheitsloks konnte die Reichsbahn an eine Entwicklung anknüpfen, die den Lokomotivbau kurz zuvor auf eine neue Grundlage gestellt hatte: 1918 war der „Lokomotiv-Normen-Ausschuss“ eingerichtet worden. Dieser sollte für eine Vereinheitlichung der Bezeichnungen und Maße der Lokomotivteile sorgen und stellte hierfür die „Deutschen Lokomotiv-Normen“ auf. Da eine Dampflok aus mehreren tausend Einzelteilen besteht, war das ein bahnbrechender Fortschritt. Grundlegend wurde die „Lo Norm 1“. In einem Zeichnungsverzeichnis und auf neun bebilderten Tafeln erfolgte die einheitliche Benennung der Lokomotivteile. Von jetzt an gab es beispielsweise für den Rußausbläser nur noch diesen einen gültigen Ausdruck und nicht mehr sieben verschiedene.

Für die Projektierungs- und Entwurfsarbeiten der Einheitslokomotiven richteten Reichsbahn und Industrie Arbeitsgruppen ein. Die wichtigsten waren 1921 der aus erfahrenen Eisenbahnern bestehende „Engere Ausschuss für Lokomotiven zur Vereinheitlichung der Lokomotiven“ und 1922 das „Vereinheitlichungsbüro“. Der „Engere Ausschuss“ empfahl für die Übergangszeit eine Auswahl bewährter Länderbahnloks zur Weiterbeschaffung. Seine bedeutendere Aufgabe bestand in der Bestimmung der Bauarten und der technischen Grundlagen für die neuen Einheitsloks. In das Vereinheitlichungsbüro, das in Abstimmung mit der Reichsbahn arbeitete, schickten die Lokomotivhersteller eigene Fachleute. Das Büro leistete unter Berücksichtigung der Lokomotiv-Normen die gesamte Entwurfsarbeit.

Im Herbst 1925 war es so weit. Die ersten Einheitsloks, Schnellzuglokomotiven der Baureihen 02 und 01, wurden ausgeliefert. Allerdings entwickelte sich die weitere Beschaffung schleppend. Anfang der 1930er Jahre waren erst 500 von rund 23.000 Lokomotiven Einheitsloks. Zum einen verfügte die Reichsbahn noch über genügend ältere Länderbahnloks, zum anderen machte sich die Weltwirtschaftskrise bemerkbar.

Die zwischen 1925 und 1945 gebauten Einheitslokomotiven prägten das Bild der deutschen Eisenbahn bis in die 1960er Jahre. International fanden die neuen Grundsätze für den Lokomotivbau Nachahmer und behielten nach dem Zweiten Weltkrieg noch lange ihre Gültigkeit.

2

38

MÄRZ 1930

SA 5.57, SU 18.17; MA 4.28, MU 11.26	SA 5.54, SU 18.19; MA 4.54, MU 12.39	SA 5.52, SU 18.21; MA 5.13, MU 13.53
24	25	26
Montag	Dienstag	Mittwoch

Bild: Hohenzollern A.-G. für Lokomotivbau, Düsseldorf (Erbauerin)

2 C 1-Zweizylinder-Heißdampf-Schnellzuglokomotive, Einheitsbauart

Aus dem Betriebe der Reichsbahn

Moderne Schnellzuglokomotiven

Wer am Bahnsteig eine der schweren neuen Schnellzuglokomotiven der Bauart 01 — so lautet ihre amtliche Bezeichnung — vor dem Zuge halten sieht, wird unwillkürlich von dem neuen und ebenso eigenartigen Bild gefesselt, das sich ihm darbietet: Verhaltene Kraft und dabei doch leichtfüßig. Diesen Eindruck vermittelt der wohlgelungene Aufbau eines schweren, die Grenzen des Profils ausnutzenden Kessels auf einem durchsichtigen, schlank zu nennenden Laufwerk, das mit seinen 2 m hohen Treibrädern für die Schnelläufigkeit der Lokomotive charakteristisch ist.

Die Leistungsfähigkeit der Lokomotive übertrifft mit ihren 2500 Pferdekräften alle Vorstellungen von Kraft. Als Höchstgeschwindigkeit sind für diese Lokomotive 120 km/Std. zugelassen, das bedeutet, daß die Lokomotive auch bei noch höheren Geschwindigkeiten sicher und ruhig ihre Bahn befahren hat. Ihr Achsdruck beträgt 20 t.

Die schon bei anderen Lokomotiven verwandten Windleitbleche geben auch dem Aussehen dieser Lokomotive eine besondere Note. Die Bleche sollen beim Fahren den Luftstrom am Lokomotivkessel so nach oben leiten, daß der aus dem Schornstein austretende Rauch und Dampf in die Höhe gerissen wird, niemals aber dem Führer Ausblick auf Strecke und Signal verdecken kann.

DEUTSCHER REICHSBAHN-KALENDER

2) Die schweren Schnellzuglokomotiven der Baureihe 01 sollten auf modernisierten Strecken fahren, die bereits für 20 Tonnen Achslast ausgebaut waren. Auszug aus dem Reichsbahn-Kalender 1930

306

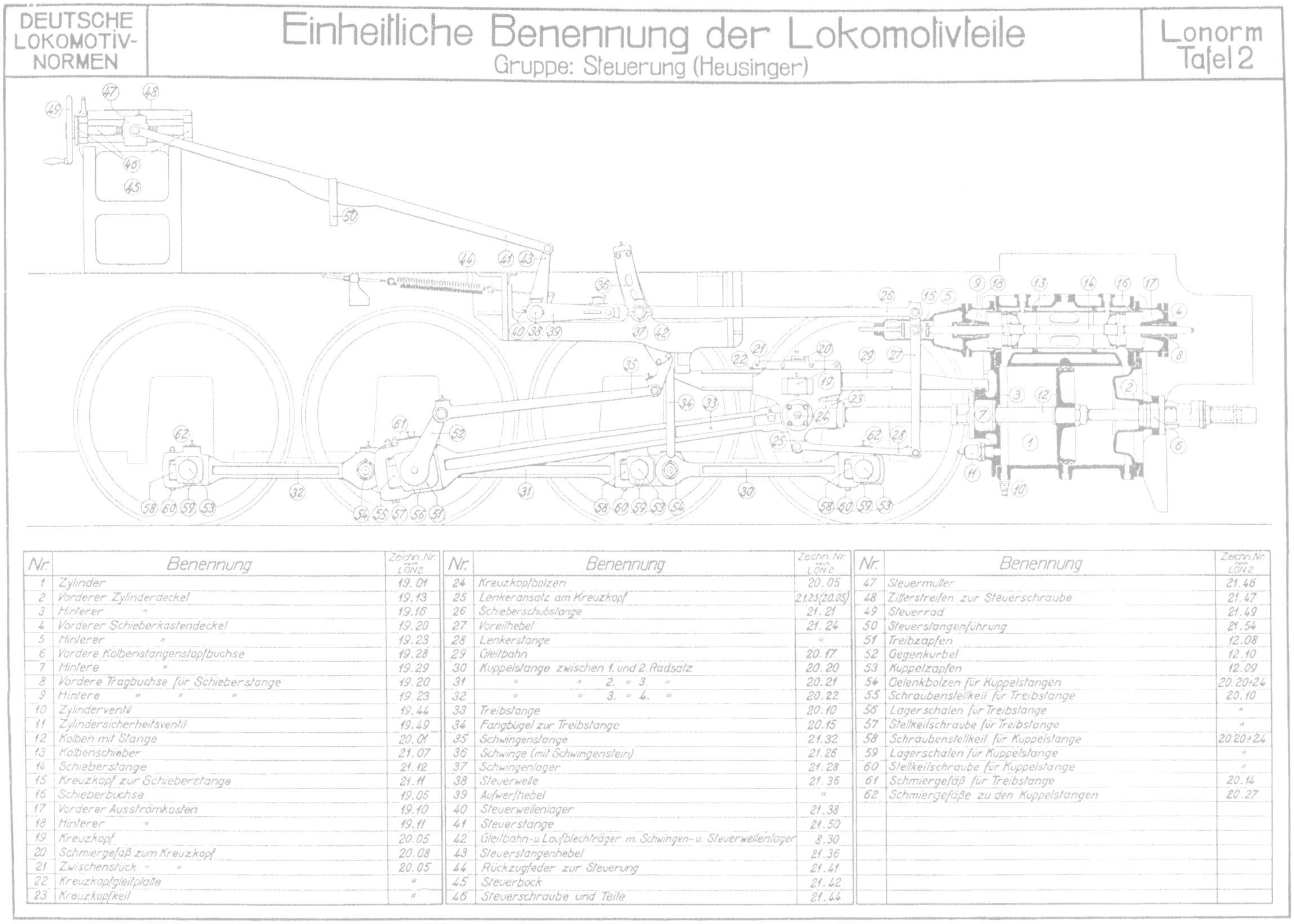

DEUTSCHE LOKOMOTIV-NORMEN

Einheitliche Benennung der Lokomotivteile

Gruppe: Steuerung (Heusinger)

Lonorm Tafel 2

Nr.	Benennung	Zeichn. Nr. nach LON 2	Nr.	Benennung	Zeichn. Nr. nach LON 2	Nr.	Benennung	Zeichn. Nr. nach LON 2
1	Zylinder	19.01	24	Kreuzkopfbolzen	20.05	47	Steuermutter	21.46
2	Vorderer Zylinderdeckel	19.13	25	Lenkeransatz am Kreuzkopf	21.25 (20.05)	48	Zifferstreifen zur Steuerschraube	21.47
3	Hinterer "	19.16	26	Schieberschubstange	21.21	49	Steuerrad	21.49
4	Vorderer Schieberkastendeckel	19.20	27	Voreilhebel	21.24	50	Steuerstangenführung	21.54
5	Hinterer "	19.23	28	Lenkerstange	"	51	Treibzapfen	12.08
6	Vordere Kolbenstangenstopfbuchse	19.28	29	Gleitbahn	20.17	52	Gegenkurbel	12.10
7	Hintere "	19.29	30	Kuppelstange zwischen 1. und 2. Radsatz	20.20	53	Kuppelzapfen	12.09
8	Vordere Tragbuchse für Schieberstange	19.20	31	" " 2. " 3. "	20.21	54	Gelenkbolzen für Kuppelstangen	20.20÷24
9	Hintere " " "	19.23	32	" " 3. " 4. "	20.22	55	Schraubenstellkeil für Treibstange	20.10
10	Zylinderventil	19.44	33	Treibstange	20.10	56	Lagerschalen für Treibstange	"
11	Zylindersicherheitsventil	19.49	34	Fangbügel zur Treibstange	20.15	57	Stellkeilschraube für Treibstange	"
12	Kolben mit Stange	20.01	35	Schwingenstange	21.32	58	Schraubenstellkeil für Kuppelstange	20.20÷24
13	Kolbenschieber	21.07	36	Schwinge (mit Schwingenstein)	21.26	59	Lagerschalen für Kuppelstange	"
14	Schieberstange	21.12	37	Schwingenlager	21.28	60	Stellkeilschraube für Kuppelstange	"
15	Kreuzkopf zur Schieberstange	21.11	38	Steuerwelle	21.36	61	Schmiergefäß für Treibstange	20.14
16	Schieberbuchse	19.05	39	Aufwerfhebel	"	62	Schmiergefäße zu den Kuppelstangen	20.27
17	Vorderer Ausströmkasten	19.10	40	Steuerwellenlager	21.38			
18	Hinterer "	19.11	41	Steuerstange	21.50			
19	Kreuzkopf	20.05	42	Gleitbahn- u. Laufblechträger m. Schwingen- u. Steuerwellenlager	8.30			
20	Schmiergefäß zum Kreuzkopf	20.08	43	Steuerstangenhebel	21.36			
21	Zwischenstück " "	20.05	44	Rückzugfeder zur Steuerung	21.41			
22	Kreuzkopfgleitplatte	"	45	Steuerbock	21.42			
23	Kreuzkopfkeil	"	46	Steuerschraube und Teile	21.44			

1

Auch der Grundsatz, alle Loks mit eigenen Betriebsnummern zu bezeichnen, zielte auf eine einheitliche Ordnung ab. Seit 1922 entstanden zunächst zwei vorläufige und 1925/26 ein endgültiger Umzeichnungsplan für die Dampflokomotiven. Elektro- und Dieseltriebfahrzeuge erhielten zwischen 1925 und 1930 gesonderte Bezeichnungssysteme. Für die Verwaltung der Fahrzeuge bedeutete dies eine gewaltige Vereinfachung.

Der Nummernplan für die Dampfloks war so aufgebaut, dass vorhandene und zukünftig anzuschaffende Maschinen eine eigene Betriebsnummer erhalten konnten. An den Fahrzeugen wurden diese mit vier metallenen Nummernschildern auf der Rauchkammertür, den Führerhauswänden und der Rückseite des Tenders angebracht. Die Schilder waren von Beginn an begehrte Sammlerstücke. Was das für den Alltag bedeutete, war der Reichsbahn bereits 1923 klar. In einer Verfügung hieß es, dass alle Schilder, die nicht dem Austausch unterliegen, „zur Verhütung ihrer Entwendung angenietet werden".

Das neue Nummerungs-System hatte über Jahrzehnte Bestand. Erst 1967 erstellten die Bundesbahn und 1970 die Reichsbahn gemäß den Empfehlungen des internationalen Eisenbahnverbandes UIC neue Nummernpläne.

S. E.

2

1) Zur Lokomotiv-Norm 1, die im Januar 1920 erschien, gehörten neun bebilderte Tafeln.

2) Konstrukteure des Vereinheitlichungsbüros
Um 1928

Geheime Zeichen – von der Ordnung der Lokomotiven

1 

 2

1) Beschriftungen an einer Dampflokomotive (preußische P 8 von 1915): Unter dem Eigentumsschild der Deutschen Bundesbahn die Betriebsnummer, rechts unten die Gattungsnummer.

2) Betriebsnummer eines ICE 1 in der 1967 eingeführten Systematik. Die Null hinter dem Trennstrich dient zur Kontrolle.

05 001, E 03 001, SVT 877 a/b – was für Laien wie eine sinnlose Aneinanderreihung von Zahlen und Buchstaben aussieht oder im Wortlaut nach einer geheimdienstlichen Verschlüsselung klingt, ist Musik in den Ohren von Eisenbahnfans: Es handelt sich hierbei um die Bezeichnungen von Lokomotiven und Triebwagen. „Geheimnisvolle Hieroglyphen" nannte ein Autor die Zeichenfolgen in einem 1950 erschienenen Buch, und in der Tat geht es den Unkundigen wie Archäologen, denen unbekannte Schriftzeichen zunächst völlig unbegreiflich erscheinen. Haben sie aber das System einmal entschlüsselt, so gibt der Zeichensalat eine Fülle von verständlichen Informationen preis. Diejenigen, die mit den Eisenbahnhieroglyphen vertraut sind, erkennen sofort, dass sich hinter den hier genannten Beispielen so berühmte Eisenbahnfahrzeuge wie die im DB Museum ausgestellte Stromlinien-Dampflok, der Prototyp der sechsachsigen „Intercity"-Elektrolokomotive und der „Fliegende Hamburger" verbergen.

Doch wie funktioniert das System, das in seinen Grundlagen in den 1920er Jahren geschaffen wurde und im Prinzip noch heute gilt? Mit der Vereinigung der Länderbahnen zur Reichsbahn musste ein Schema gefunden werden, das die Mängel der älteren, nebeneinander bestehenden Systeme der Länderbahnen vermied und sich als geeignet für die Integration der über 200 verschiedenen Typen der Länderbahnlokomotiven und der zukünftigen Entwicklungen erwies. Im Jahr 1925 trat hierzu ein neuer Nummernplan in Kraft. Danach wurden die bestehenden und geplanten Dampflokomotiven in 99 Baureihen unterteilt, die den Verwendungszweck und die Konstruktionsart widerspiegelten. Zu der zweistelligen Stammnummer der Baureihe erhielt jedes einzelne Fahrzeug eine drei- bis vierstellige Ordnungsnummer, die zusammen die Betriebsnummer ergaben und eine eindeutige Identifikation ermöglichten, z. B. 01 1100 oder 50 622 (Tabelle 1, S. 43).

In diese Liste wurden alle bestehenden Länderbahnbauarten eingereiht. So wurde etwa die bayerische Schnellzuglok S 3/6 der Baureihe 18 zugeteilt. Doch hier wurde es schon wieder kompliziert: Da auch die Staatsbahnen Sachsens, Württembergs und Badens ähnliche Maschinen hatten, bekam die Baureihe 18 Unterbaureihen, die durch hochgestellte Zahlen gekennzeichnet wurden, denen schließlich eigene Hunderterebereiche bei den Ordnungsnummern zugewiesen wurden.
Um bei der bayerischen S 3/6 bzw. Baureihe $18^{4,4\text{-}5,5}$ zu bleiben: Hier erhielten die Lokomotiven die Ordnungsnummern 401 bis 548 und somit die Betriebsnummern 18 401 bis 18 548.

Zugleich wurden nun die neuen Einheitslokomotiven geschaffen. Dabei galt die Regel, dass die ersten zehn Nummern einer Hauptgattung für die Neubaureihen vorgesehen waren. Darunter fielen Maschinen wie die Schnellzugloks 01 und 03 oder die Güterzuglok 50 .

Auch für die neuen Lokomotiven bzw. Triebwagen wurden nun Schemata entwickelt. Elektrolokomotiven fuhren schon seit Beginn des Jahrhunderts auf deutschen Gleisen und besaßen bereits Länderbahnbezeichnungen. 1927 erhielten sie Betriebsnummern nach dem Schema der Dampfloks. Den Nummern wurde ein „E" vorangestellt, dann folgten die Stammnummer und die Ordnungsnummer wie bei den Dampflokomotiven. Die Baureihennummern waren nach verschiedenen Geschwindigkeitsklassen eingeteilt (Tabelle 2.).

Darüber hinaus waren 100er- bis 400er-Nummern für Fahrzeuge mit besonderen elektrischen Antriebsarten vorgesehen, die aber kaum zur Anwendung kamen.

Die Entwicklung von Eisenbahnfahrzeugen mit Verbrennungsantrieb steckte zu dieser Zeit noch in den Kinderschuhen. Erst um 1930 wurden derartige Lokomotiven und Triebwagen in größerer Stückzahl beschafft. Auch für diese Lokomotiven wurde ein Schema gefunden. Analog zu dem „E" der Elektroloks wurde hier ein „V" für „Verbrennungsmotor" vorangestellt. Die Einteilung in Baureihen – und somit die Stammnummer – ermittelte man aus der PS-Leistung der Lokomotive. Sie entsprach jeweils einem Zehntel der Leistung. Dann folgte, wie bei den Dampf- und Elektrolokomotiven, eine mehrstellige Ordnungsnummer. Die erste funktionsfähige Streckendiesellok der Reichsbahn von 1935 trug die Bezeichnung V 140 001, hatte also eine Motorleistung von 1.400 PS.

*Neben den Betriebsnummern fanden zwei weitere Ordnungssysteme Anwendung, die auf ältere Vorbilder zurückgriffen: die Gattungs- und die Bauartbezeichnungen. Die Gattungsbezeichnung enthielt Informationen über Verwendungszweck, Achsfolge und Achslast. So führte die Baureihe 01 die Gattungsbezeichnung S 36.20 mit der Bedeutung „**S**chnellzuglok, **3** Treibachsen, **6** Achsen insgesamt, **20** t Achslast". Die Gattungsbezeichnung war wie die Betriebsnummer auf Schildern außen an der Lokomotive angebracht. Die Bauartbezeichnung beschreibt die Achsfolge und den Antrieb eines Fahrzeugs. Hierbei werden Laufachsen mit arabischen Ziffern und Treibachsen mit Großbuchstaben – A für eine Treibachse, B für zwei Treibachsen usw. – gekennzeichnet und von vorne nach hinten durchgezählt. 2B1 steht für eine Lokomotive mit zwei Laufachsen vorne, zwei Treibachsen und einer Laufachse hinten. Apostrophe kennzeichnen im Rahmen beweglich verankerte Achsen, die Kleinbuchstaben „h" und „n" stehen für „Heißdampf" oder „Nassdampf". Zu guter Letzt verrät eine Zahl auch noch, wie viele Zylinder das Dampfross vorwärts treiben. Nach diesem Schema ist der „Adler" der ersten deutschen Eisenbahn eine 1A1n2-Lokomotive. Die Güterzuglok der Baureihe 45 wird dagegen mit 1'E1'h3 beschrieben. Der geneigte Leser rechne sich selbst aus, wie diese Lok dann aussieht.*

Alle genannten Schemata hatten lange Jahre Bestand. Die Gattungsbezeichnung wird bei modernen Triebfahrzeugen nicht mehr verwendet. Das Achsfolgenschema findet sich dagegen bis heute in jedem technischen Text über Lokomotiven. Der Nummernplan wurde bei der Bundesbahn 1967 und bei der DDR-Reichsbahn 1970 erneuert und EDV-tauglich gemacht. Bei der Zusammenführung beider Bahnen wurde das System der DB im Wesentlichen übernommen. Seitdem werden Fahrzeuge aller Betriebs- und Traktionsarten in einem einheitlichen, nur noch aus Baureihe und Ordnungszahl bestehenden System zusammengefasst. Die Baureihen sind dabei in Hundertergruppen (Tabelle 3) eingeteilt.

Auf die nun dreistellige Stammnummer folgt die dreistellige Ordnungsnummer. Eine mit Bindestrich angehängte Zahl am Ende der Nummer dient zur Kontrolle. Dieses System hat auch bei der modernen Deutschen Bahn Geltung; in ihm leben die Prinzipien des Nummernplans von 1925 weiter fort. Es entspricht noch immer den Erfordernissen der Verwaltung und ist obendrein flexibel genug, um auch die allerneuesten Fahrzeuge der Bahn zu integrieren.

R. M.

Tabelle 1

Baureihe	Betriebsgattung
01 – 19	*Schnellzuglokomotiven mit Schlepptender*
20 – 39	*Personenzuglokomotiven mit Schlepptender*
40 – 59	*Güterzuglokomotiven mit Schlepptender*
60 – 79	*Personenzugtenderlokomotiven*
80 – 96	*Güterzugtenderlokomotiven*
97	*Zahnradlokomotiven*
98	*Lokalbahnlokomotiven*
99	*Schmalspurlokomotiven*

1

Tabelle 2

Baureihe	Höchstgeschwindigkeit
E 01 – E 29	*über 90 km/h*
E 30 – E 59	*71 bis 90 km/h*
E 60 – E 99	*bis 70 km/h*

2

Tabelle 3

Art	DB/DB AG
Dampflokomotiven	*001 – 099*
Elektrolokomotiven	*101 – 199*
Diesellokomotiven (Normalspur)	*201 – 299*
Diesellokomotiven (Schmalspur)	*–*
Kleinlokomotiven	*301 – 399*
Elektrotriebwagen	*401 – 499*
Akkumulatorentriebwagen	*501 – 599*
Dieseltriebwagen	*601 – 699*
Bahndienstfahrzeuge/Schienenbusse	*701 – 799*
Steuer- und Beiwagen zu DB 4.. und 5..	*801 – 899*
Steuer- und Beiwagen zu DB 6.. und 7..	*901 – 999*

3

4

1) **Tabelle 1:** Baureihenbezeichnungen der Dampflokomotiven von 1925

2) **Tabelle 2:** Baureihenschema der Deutschen Reichsbahn-Gesellschaft für Elektroloks

3) **Tabelle 3:** Modernes Baureihenschema der Deutschen Bahn AG

4) Schilder von Dampflokomotiven nach dem Nummernplan von 1925

Tourismus

307 Heutzutage ist es selbstverständlich, „all inclusive“ nach Ibiza zu fliegen oder Weihnachten auf Kuba zu verbringen. Als in den 1920er Jahren die ersten Massentouristen auf Reisen gingen, benutzten sie Züge oder Omnibusse und ihre Traumziele lagen in der Umgebung oder nur einige hundert Kilometer entfernt.

Noch nie zuvor hatten so viele Menschen ihr Geld für Reisen ausgegeben wie in der Weimarer Republik. Geringere Arbeitszeiten sowie tariflich gesicherter und bezahlter Urlaub waren Voraussetzungen für das neue Freizeitverhalten. Angestellte, Beamte und Arbeiter lösten die Begüterten als größte Gruppe der Reisenden ab und der Fremdenverkehr entwickelte sich zu einem wichtigen Faktor der Volkswirtschaft.

Die Reichsbahn war an der Ausgestaltung des wachsenden Reisemarktes maßgeblich beteiligt. Dabei beruhte ihr Interesse vor allem auf der wirtschaftlichen Überlegung, dass die Kaufkraft der Masse nicht zu unterschätzen sei. Der Personenreiseverkehr, der bislang immer im Schatten des Güterverkehrs stand, sollte als Einnahmequelle eine größere Bedeutung bekommen.

Die Umsetzung erfolgte auf verschiedenen Ebenen, wobei der Sonderzugverkehr mit vergünstigten Fahrpreisen den Schwerpunkt bildete. Die Reichsbahn behielt nicht nur Angebote wie Sonntagsrückfahrkarten bei, die es bereits bei den Länderbahnen gegeben hatte, sondern bot eine Vielzahl sogenannter Verwaltungs-Sonderzüge an: Urlauber fuhren mit Ferien-Sonderzügen, der Wochenendausflug konnte mit Wochenendzügen stattfinden, in Wintersportzügen saßen die Skiläufer und auch für den Badespaß in der näheren Umgebung gab es besondere Seenfahrpläne und entsprechende Rückfahrkarten. Für den Besuch beliebter Ausflugsziele richtete die Reichsbahn „Billige Sonderfahrten“ ein und selbst Pauschalreisen mit Unterkunft und Verpflegung konnten gebucht werden. Auch Reiselustige, die gar nicht wissen wollten, wohin die Reise geht, wurden bedient: Die Reichsbahndirektion Essen bot erstmals 1932 einen „Ausflugs-Sonderzug nach X“ an. Erst während der Fahrt erfuhren die Reisenden das Ziel und das Tagesprogramm, vorher kannten sie nur die

1

2

1+2) Wichtig für die Reise: Gute Stimmung und bequeme Kleidung
Um 1927

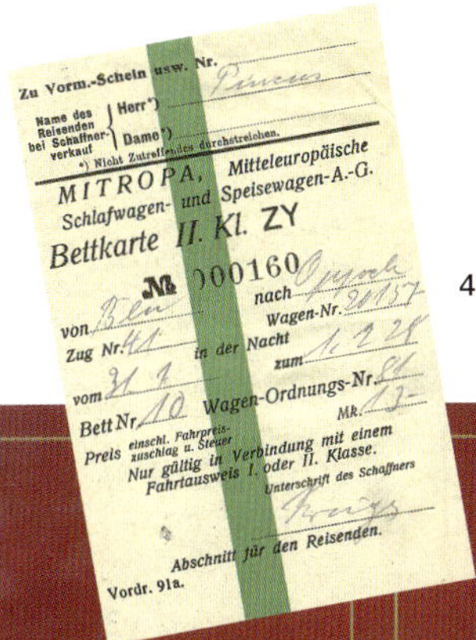

4

3

5

6

7

Abfahrts- und Ankunftszeiten. Die Idee wurde als „Fahrt ins Blaue" berühmt.

Um möglichst viele Reisende auf die Schiene zu locken, setzte die Reichsbahn seit 1925 verstärkt Werbung ein. Dabei bewies die Bahn, wie es 1927 in einem Artikel über Plakatwerbung in der Zeitschrift „Die Reichsbahn" hieß, eine „erstaunlich gute Anpassungsfähigkeit gegenüber den Erfordernissen der Zeit". Die Bandbreite der Maßnahmen reichte von Broschüren, Wanderkarten mit aufgedruckten Fahrplänen über Radiospots, Filme für das Beiprogramm der Kinos, Zeitungsanzeigen bis hin zu Journalistenfahrten und Plakaten. In Deutschland zählte die Reichsbahn zu den Hauptauftraggebern für Werbegrafik. Es wundert daher nicht, dass sie für die Gestaltung ihrer Plakate einige der bekanntesten Plakatkünstler wie Ludwig Hohlwein oder Jupp Wiertz gewinnen konnte.

Große Bedeutung für die Entwicklung des modernen Fremdenverkehrs besaß die Reisevermittlung. Die Reichsbahn war größter Anteilseigner des 1918 gegründeten „Mitteleuropäischen Reisebüros" (MER), das zum Meilenstein in der Geschichte des Reisebürowesens wurde. Das MER betrieb Büros im In- und Ausland und bot Touristen einen kompletten Reiseservice für Reisen aller Art.

Die wohlhabenden Reisenden blieben trotz des aufkommenden Massentourismus eine wichtige Kundengruppe der Reichsbahn. Im Vordergrund standen für die Fahrgäste der 1. und 2. Klasse die Annehmlichkeiten während

3-5) Ende 1926 umfasste der Wagenpark der Mitropa 565 Schlaf- und Speisewagen.

6) „Reisedienst des MER. Illustrierte Reisezeitschrift", Titelblatt der Erstausgabe „Reisen ist ganz gewiß eine der köstlichsten Lebensfrüchte für den, der zu reisen versteht. Dilettantisches Reisen aber mit all seinen Begleiterscheinungen, mit dem ‚Reisefieber', mit der Angst, übervorteilt zu werden, der Unruhe, den Anschluss zu verpassen – diese Art des Reisens, unserer Zeit nicht mehr würdig, wird bald völlig aussterben. Dazu beizutragen, daß der Dilettantismus auf Reisen verschwinde und die Kunst des Reisens sich immer mehr ausbreite, ist die schönste Aufgabe eines großen Reisebüros. Sie soll das Ziel sein, das sich der ‚Reisedienst des MER' gestellt hat." Begleitwort zur Erstausgabe 1927

7) Fahrkartenheft des MER · 1928

307 der Fahrt. Eine besondere Rolle spielte dabei die 1916 gegründete „Mitteleuropäische Schlafwagen- und Speisewagen AG“ (Mitropa). 1925 erwarb die Reichsbahn die Aktienmehrheit des Serviceunternehmens und erweiterte ab 1927 die Leistungen für Reisende. Die Mitropa betrieb Speise- und Schlafwagen sowie Bahnhofsrestaurants. Sie schloss Verträge zur Bewirtschaftung von Fluglinien ab und beteiligte sich 1928 mehrheitlich an der „Elite-Autofahrt-Gesellschaft“, die Rundfahrten, Auto- und Schiffsausflüge in Berlin und Umgebung veranstaltete. Im selben Jahr übernahm die Mitropa die „Siesta-Gesellschaft für Reiseerleichterungen“, deren Geschäft in der Vermietung von Reisekissen in den Zügen der Reichsbahn bestand. Nach der Übernahme hießen sie „Mitropa-Reisekissen“. Den luxuriösen Höhepunkt des Reisens stellte der „Rheingold“-Zug dar. Mit diesem Zug wollte die Reichsbahn am internationalen Wettbewerb um zahlungskräftige Reisende zwischen England und der Schweiz teilnehmen. Die Mitropa bewirtschaftete die Wagen und servierte das Essen direkt am Platz.

In den 1920er Jahren hatte sich das Bild der Eisenbahn gewandelt. Sie war nicht mehr nur ein Transportunternehmen, sondern auch zum Reiseveranstalter mit Pauschalangeboten geworden. Damit gehörte die Reichsbahn zu den Wegbereitern des modernen Tourismus.

S. E.

1

2

3

1-3)
Die „Deutschen Verkehrsbücher“ gab die „Reichsbahnzentrale für den Deutschen Reiseverkehr“ in verschiedenen Sprachen heraus. 1931 lagen 24 unterschiedliche Ausgaben vor. Der Verkauf erfolgte u. a. mittels Automaten auf Bahnhöfen. Um 1930

4

5

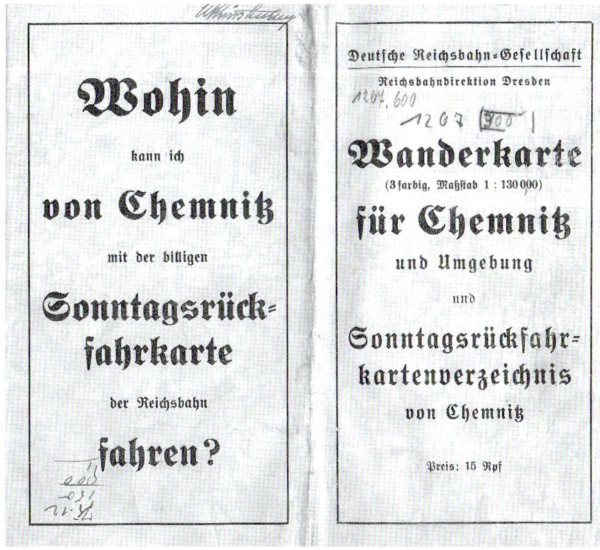

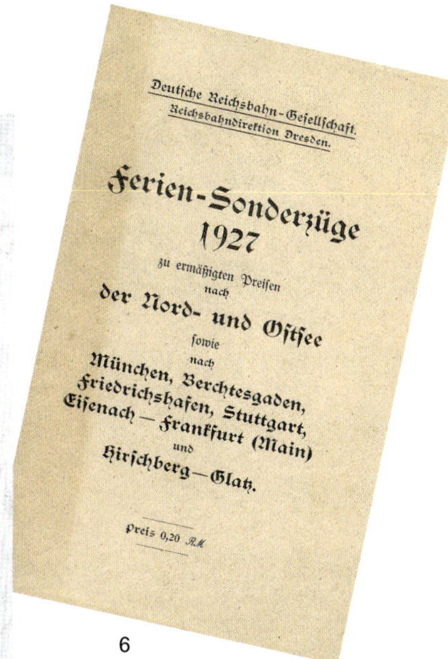

6

7

Wollen Sie nicht auch mitfahren?

Ausflugs-Sonderzug nach X

am 29. Juni (Peter und Paul)

3. Wagenklasse 50% Fahrpreisermäßigung

Einsteigebahnhof Essen Hbf.

Abfahrt 12[40] Uhr Rückkunft 20[08] Uhr

Beschleunigte Fahrt in eine reizvolle Landschaft. Kurze lohnende Waldwanderung mit sonst nicht gebotenen Besichtigungsgelegenheiten. **Bekanntgabe des Zieles und Ausgabe einer Reise- und Zielbeschreibung erst im Zuge!**

Fahrpreis 1,80 RM. für Hin- und Rückfahrt

Sonderzugkarten schon jetzt bei den Fahrkartenausgaben Essen Hbf., Bochum Hbf., Mülheim-Eppinghofen, ferner in Essen bei den Reisebüros Lloydreisebüro/Verkehrsverein Essen, Hapag-Reisebüro van Eupen, Reisebüro Krupp, in Bochum beim Verkehrsverein Bochum und in Mülheim (Ruhr) beim Verkehrsverein Mülheim (Ruhr).

Reichsbahndirektion Essen.

8

4) Verzeichnis der Sonntagsrückfahrkarten für den Bezirk der Reichsbahndirektion Trier
1932

5) Eine Werbemaßnahme mit praktischem Nutzen waren Wanderkarten mit aufgedrucktem Fahrplan.
Um 1930

6) Fahrplanheft für Ferien-Sonderzüge

7) Anzeige für den ersten Zug ins Ungewisse
1932

8) Der Fahrplan beinhaltet Verbindungen aus allen Regionen Deutschlands, aus der Schweiz, Österreich und der Tschechoslowakei.

1

3

4

1) Für die Wintersportzüge galten ermäßigte Fahrpreise. · Um 1932

2) Die „Deutschland"-Plakate präsentierten die verschiedenen Regionen des Landes. Sie erreichten hohe Auflagen und wurden in Reisebüros, Hotels, Schulen und Bahnhöfen ausgehängt. Die bundesdeutsche Nachfolgeorganisation der „Reichsbahnzentrale für den Deutschen Reiseverkehr", die „Deutsche Zentrale für Fremdenverkehr", setzte die Reihe in den 1950er Jahren fort. Um 1928

3) Plakat für eine Fahrt mit einem „Verwaltungssonderzug" Verwaltungssonderzüge waren Züge, mit denen die Reichsbahn Ausflugsfahrten mit unterschiedlichen Begleitprogrammen zu günstigen Preisen anbot.

4) Zwischen 1925 und 1932 vertrieben die „Reichsbahnzentrale für den Deutschen Reiseverkehr" und ihre Vorläuferorganisation insgesamt 24 Millionen Broschüren, Faltblätter und Plakate. · Um 1928

2

RHEINGOLD

5

6

7

Ein besonderes Reiseangebot stellte der zwischen 1928 und 1939 planmäßig verkehrende „Rheingold"-Zug dar. Der Rheingold war anfänglich ein großer kommerzieller Erfolg und erlangte rasch ein hohes Prestige. Dieser kurzen Blüte setzte allerdings bereits 1929 die Weltwirtschaftskrise ein Ende. Der elegante Zug mit seiner markanten violett und cremefarbenen Lackierung wurde für die Reichsbahn zum teuren Luxus. S. E.

5) Mit dem luxuriösen Fernschnellzug trat die Reichsbahn in den internationalen Wettbewerb um zahlungskräftige Reisende zwischen England und der Schweiz ein.
Bei Trechtinghausen · Um 1932

6) Der „Rheingold" führte ausschließlich eigens gebaute 1.- und 2.-Klasse-Wagen. Diese besaßen eine großzügige und von Wagen zu Wagen unterschiedliche Ausstattung. Die Reisenden saßen in bequemen Sesseln.

7) Modell eines 1.-Klasse-Wagens des „Rheingold"-Zuges · Maßstab 1:10

Die Neueröffnung des Verkehrsmuseums 1925

Der Name Nürnberg ist eng mit der Geschichte der Eisenbahn verbunden. Im Jahr 1835 schlug in der Frankenmetropole die Geburtsstunde der deutschen Eisenbahn, als die Lokomotive „Adler" mit neun angehängten Wagen auf der sechs Kilometer langen Strecke in die Nachbarstadt Fürth dampfte. Knapp fünfundsechzig Jahre später wurde der Bahn in Nürnberg ein erster Tempel gewidmet: Am 1. Oktober 1899 fand die feierliche Eröffnung des „Königlich Bayerischen Eisenbahnmuseums" statt, des ältesten Eisenbahnmuseums Deutschlands. Ein entscheidender Meilenstein in der Geschichte des Hauses wurde in der Zeit der Weimarer Republik gesetzt: Im April 1925 öffnete der Museumsneubau in der Lessingstraße seine Pforten.

Dieser Neubau hatte eine lange Vorgeschichte. Das ursprünglich in einem ehemaligen Ausstellungspavillon untergebrachte Museum erlebte in den ersten Jahren seines Bestehens einen enormen Zuwachs: 1902 kam die Abteilung für Post und Telegrafie – das heutige Museum für Kommunikation – hinzu, aus dem Eisenbahnmuseum wurde das Verkehrsmuseum. Die 1906 in Nürnberg abgehaltene bayerische Landes-, Industrie- und Gewerbeausstellung, die dem Verkehrswesen einen eigenen Schwerpunkt widmete, brachte eine erneute Vergrößerung der Sammlungen sowie die Einrichtung des Archivs. Das stetige Anwachsen der Sammlungsbestände ließ das Museum bald an die Grenzen seines Fassungsvermögens stoßen. Daher wandte sich der damalige Präsident der Eisenbahndirektion Nürnberg v. Seidlein an den Nürnberger Bürgermeister v. Schuh mit der Idee, einen kompletten Neubau zu verwirklichen. Schuh hatte bereits 1899 mit der kostenlosen Bereitstellung des besagten Ausstellungspavillons der Eisenbahnverwaltung großzügig und unbürokratisch geholfen. Auch jetzt wurden beide Seiten wieder rasch handelseinig: Die Stadt überließ der Bahn im Jahr 1910 unentgeltlich einen Bauplatz an der Lessingstraße und verpflichtete sich zu einem Zuschuss für das neu zu errichtende Museumsgebäude in Höhe von 250.000 Mark. Die gesamten Baukosten, die sich Bahn und Post im Verhältnis 85:15 aufteilten, sollten sich schließlich auf 1,3 Millionen Mark belaufen.

Kurz nachdem im Sommer 1914 die Bauarbeiten begonnen hatten, brach der Erste Weltkrieg aus und verzögerte die Fertigstellung. Erst nach Kriegsende konnte das Bauwerk im Juli 1923 vollendet und das Museum in der bis heute äußerlich weitgehend unverändert gebliebenen Form am 22. April 1925 eröffnet werden.

Die Herkunft der Architektur aus der Zeit vor dem Ersten Weltkrieg lässt sich am Aussehen des Gebäudes ablesen: Der durch den Bahnarchitekten Hans Weiss entworfene historisierende Bau, der seine in Stahlbeton ausgeführte Grundstruktur schamhaft hinter Natursteinfassaden „aus heimatländischen Baustoffen" versteckt, erinnert eher an ein Renaissanceschloss als an ein technisches Museum. Im Inneren war das neue

1) Der Neubau des Verkehrsmuseums in den 1920er Jahren

1925

Museum jedoch sehr funktional und geräumig gestaltet. Insgesamt standen nun 9.700 m^2 Ausstellungsfläche zur Verfügung, 8.500 m^2 für die Bahn und 1.200 m^2 für die Post. Hinzu kamen auf rund 2.900 m^2 gemeinsam genutzte Räume wie der Festsaal und die Bibliothek. Erstmals konnten nun auch Originalfahrzeuge in einer Halle ausgestellt werden, die einen Gleisanschluss besaß. Darunter befand sich der nahezu komplette Salonzug des bayerischen Königshauses, der auf Geheiß König Ludwigs II. zu einem rollenden Märchenschloss umgebaut worden war. Zwei der Prunkwagen sind bis heute im Museum erhalten. Der „Adler", die 1857 verschollene Lokomotive der ersten deutschen Eisenbahn, war jedoch vorerst nur als Modell im Maßstab 1:10 zu sehen. Erst zum Eisenbahnjubiläum 1935 ließ die Reichsbahn einen betriebsfähigen Nachbau in Originalgröße fertigen.

Eine Besonderheit stellte das hauseigene Kino dar, das erste und einzige staatliche Lichtspieltheater Deutschlands. Mit seinem Programm von Technik-, Reise- und Expeditionsfilmen sollte es als „Volksbildungs- und Volksbelehrungsmittel" wirken. Zudem leisteten die im Auftrag der Reichsbahn gedrehten Landschaftsfilme einen wichtigen Beitrag zu der immer bedeutender werdenden Verkehrswerbung. Schließlich begriff die Museumsleitung das Kino auch als modernes Medium, um „die toten Sammlungen zu beleben".

Mit der Eröffnung im neuen Gebäude an der Lessingstraße änderte sich die Konzeption des Museums entscheidend. Während die Postabteilung Eigentum des bayerischen Staates blieb und sich weiterhin vorwiegend mit der regionalen Entwicklung des Post- und Fernmeldewesens beschäftigte, wurde die Bahnabteilung im 1920 geschlossenen Staatsvertrag zum Übergang der Länderbahnen auf das Reich als „Zubehör der Bayerischen Staatseisenbahnen" der Reichsbahn zugeordnet. Damit weitete das Museum seine Perspektive auf die gesamtdeutsche Entwicklung aus. Dies beschränkte sich allerdings zunächst auf die Darstellung des aktuellen Eisenbahnwesens. Das Museum trug weiterhin den Namen „Bayerisches Verkehrsmuseum" und behielt mit seinen in der bayerischen Zeit entstandenen Sammlungen und als Sitz des bayerischen Verkehrsarchivs noch bis weit in die Ära der Bundesbahn eine deutlich weiß-blaue Prägung.

R. M.

2

3

2) Plakat des Verkehrsmuseums
Um 1925

3) Blick in den Starkstromsaal des Verkehrsmuseums
Um 1925

Technik im Dienst des Fortschritts

308

1

2

3

Fliegender Hamburger „Wunder von Görlitz“

Die Grenzen zwischen Utopie und Wirklichkeit waren in der Weimarer Republik oft fließend. Besonders auf dem Gebiet des technischen Fortschritts entstand eine Dynamik, die sowohl von Ingenieuren als auch von Künstlern getragen und befördert wurde. Die langen Jahre der Krise hatten auf vielen Gebieten zu einem Stillstand geführt und der Nachholbedarf war groß. Führte 1929 Fritz Langs Film „Frau im Mond“ die Reise zu den Sternen noch als Phantasieprodukt vor, so arbeitete Wernher von Braun bereits konkret an der Eroberung des Weltraumes.

Auch bei der Eisenbahn begegneten sich Utopie und Fortschritt. Viele Entwicklungen der 1920er Jahre wie die induktive Zugbeeinflussung (Indusi) oder der drahtlose Funkverkehr waren zukunftsweisend und reichen bis in die Gegenwart. Andere Ideen konnten sich dagegen nicht durchsetzen, zeigten aber zukünftige Entwicklungen auf. Spektakulär war Anfang der 1930er Jahre die Entwicklung von Diesel-Schnelltriebwagen. Der „Schienenzeppelin“ und der „Fliegende Hamburger“ sind ihre berühmtesten Vertreter. Die Reichsbahn suchte nach Möglichkeiten, der Konkurrenz von Auto und Flugzeug entgegenzutreten. Schnelltriebwagen boten sich hierfür an. Sie waren wirtschaftlicher und schneller als lokbespannte Züge.

Franz Kruckenberg und Curt Stedefeld waren Pioniere auf diesem Gebiet. Die aus dem Flugzeugbau stammenden Ingenieure arbeiteten seit 1924 an der Entwicklung einer Schnellbahn. 1928 erhielten sie Unterstützung durch die Reichsbahn und präsentierten 1930 den Schienenzeppelin.

Das Fahrzeug setzte neue Maßstäbe: Seine im Windkanal entwickelte Stromlinienform und die niedrige Dachhöhe sorgten für einen geringen Luftwiderstand. Die Leichtbauweise mit der silbernen Außenhaut aus Aluminium und Stoff, der Motor und der Antriebspropeller beruhten auf Erkenntnissen aus dem Flugzeugbau. Eine neuartige elektromagnetische Schienenbremse sorgte für zusätzliche Sicherheit. Am 21. Juni 1931 fuhr der „vom Himmel auf die Schiene geholte Zeppelin“ von Hamburg nach Berlin. Die 257 Kilometer legte er in 98 Minuten und mit einer Spitzengeschwindigkeit von 230 km/h zurück.

Trotz des Erfolges entschied sich die Reichsbahn gegen den Schienenzeppelin, den Urahn aller Schnelltriebwagen. Einerseits hätte ein Fahrzeug mit dieser Geschwindigkeit nicht in den Fahrplan eingefügt werden können, der auf langsamere Züge ausgelegt war. Andererseits gab es auch mentalitätsbedingte Vorbehalte der Reichsbahningenieure; die Ideen Kruckenbergs und Stedefelds gingen einfach zu weit über die anerkannten Grundsätze des Eisenbahnmaschinenwesens hinaus. Stattdessen gab die Reichsbahn 1931 bei der „Waggon- und Maschinenbau AG“ in Görlitz den Bau eines eigenen Schnelltriebwagens in Auftrag. Die Technik dieses Triebwagens entsprach den

Schienenzeppelin – „Torpedo auf Schienen“

4

gewohnten Maßstäben. Dabei wurden viele Details wie Stromlinienform, Leichtbauweise und elektromagnetische Schienenbremse vom Schienenzeppelin übernommen.

1932 fand die Pressefahrt mit dem „Wunder von Görlitz“ statt. Mit einer Spitzengeschwindigkeit von über 150 km/h erfolgte ab Mai 1933 der planmäßige Einsatz des im Volksmund „Fliegender Hamburger“ genannten Triebwagens zwischen Berlin und Hamburg. Der große Publikumserfolg führte zur Bestellung weiterer Fahrzeuge und zum Aufbau eines Schnellverkehrsnetzes.

Der Fliegende Hamburger eröffnete bei der Bahn das moderne Schnellverkehrszeitalter, das heute mit dem ICE seine Fortsetzung findet.

S. E.

1) Hannover Hauptbahnhof
V. l.: Curt Stedefeld, Frau Kruckenberg, Franz Kruckenberg und sein Mitarbeiter Willy Black
10.5.1931

2) „Fliegender Hamburger“, Werksfoto der Waggon- und Maschinenbau AG (WUMAG)
1932

3) Führerstand des „Fliegenden Hamburgers“ · 1932

4) Der Propeller ermöglichte ein vollkommen stoßfreies Anfahren. Ein Flugzeugmotor von BMW mit 600 PS Leistung sorgte für den Antrieb.
Wie gering die Luftwirbel hinter dem Propeller waren, berichtete Kruckenberg in einer Anekdote. Versuchsweise hatte ein Beobachter bei einer Vorführung Papierblätter auf die Bettung des Gleises legen lassen: „Als wir die Stelle mit 180 km/h überfuhren, blieben sie liegen. Der auf unseren Wagen folgende Güterzug wirbelte sie auf!!“
Rückansicht des Schienenzeppelins um 1931

Fliegende Züge

1

2

3

1) Dieseltriebzug der Bauart Leipzig im Jahr 1935

2) Frontpartie des Fliegenden Hamburgers

3) Großraumabteil des Fliegenden Hamburgers

4) Im Design seiner Zeit weit voraus: Franz Kruckenbergs Dieseltriebzug SVT 137 155

Berlin Lehrter Bahnhof ab 8.02 Uhr – Hamburg Hauptbahnhof an 10.20 Uhr. Hinter diesen Daten aus dem Sommerfahrplan von 1933 verbirgt sich der erste planmäßige Einsatz des neuen Schnelltriebwagens Fliegender Hamburger. Die Fahrzeit von zwei Stunden 18 Minuten für die 287 Kilometer lange Strecke entsprach einer damals sensationellen durchschnittlichen Geschwindigkeit von 125,6 km/h. Der erste Fliegende Zug war auch ein großer kommerzieller Erfolg: Nach seinem planmäßigen Start im Mai 1933 war er sofort für Wochen ausgebucht, so dass sich die Reichsbahn bereits im Juni entschloss, vier weitere Triebzüge zu beschaffen.

Der 1932 von der Firma WUMAG in Görlitz gelieferte zweiteilige Triebwagen verfügte über zwei Dieselmotoren mit je 302 kW (410 PS), die ihm eine Höchstgeschwindigkeit von 160 km/h verliehen. Die jeweils über den beiden Enddrehgestellen eingebauten Motoren waren mit Generatoren gekoppelt, die zwei Elektromotoren im mittleren Drehgestell antrieben. Beide Wagenkästen des zweiteiligen Triebwagens stützten sich in der Mitte auf das angetriebene Jakobs-Drehgestell. Der fast 42 Meter lange Triebwagen verfügte über 98 Sitzplätze der 2. Klasse, hinzu kamen vier Sitzplätze in einem Serviceabteil mit Kleinküche. Damit war der Fliegende Hamburger vergleichsweise dürftig ausgestattet. Immerhin entsprach die damalige 2. Klasse preislich der heutigen 1. Klasse, dafür mussten die Gäste ziemlich eng sitzen und konnten nur ein eingeschränktes gastronomisches Angebot genießen. Um den Sitzkomfort zu erhöhen, wurde bei den nachfolgenden Zügen der nun sogenannten Bauart Hamburg die Sitzteilung von 3+1 auf 2+1 reduziert, so dass ein Triebwagen nur noch 77 Sitzplätze hatte. Ausgesprochen spartanisch ging es im Führerstand aller Fliegenden Züge zu: Der Triebwagenführer saß unmittelbar vor dem lärmenden Dieselmotor auf einem unbequemen Klappsitz. Die tief zu den Stirnfenstern aerodynamisch heruntergezogenen Dachkappen und der violette Anstrich mit elfenbeinfarbenem Fensterband verliehen dem Fahrzeug sein markantes Aussehen.

Der vom Volksmund so genannte Fliegende Hamburger – offiziell trug er die Bezeichnung VT 877a/b – war der Prototyp einer ganzen Flotte von zwei- und dreiteiligen Schnelltriebwagen, welche die Deutsche Reichsbahn in der Folgezeit zum Aufbau eines nationalen Schnellverkehrsnetzes in Auftrag gab. Damit zielte die Reichsbahn vor allem auf Geschäftsleute: Berlin war nun von allen deutschen Ballungszentren aus in einem Tag mit Hin- und Rückfahrt erreichbar. In rascher Folge wurden die Triebwagen der Bauarten Hamburg, Leipzig und Köln in Dienst gestellt, die zum Teil mit regulären Speiseabteilen aus-

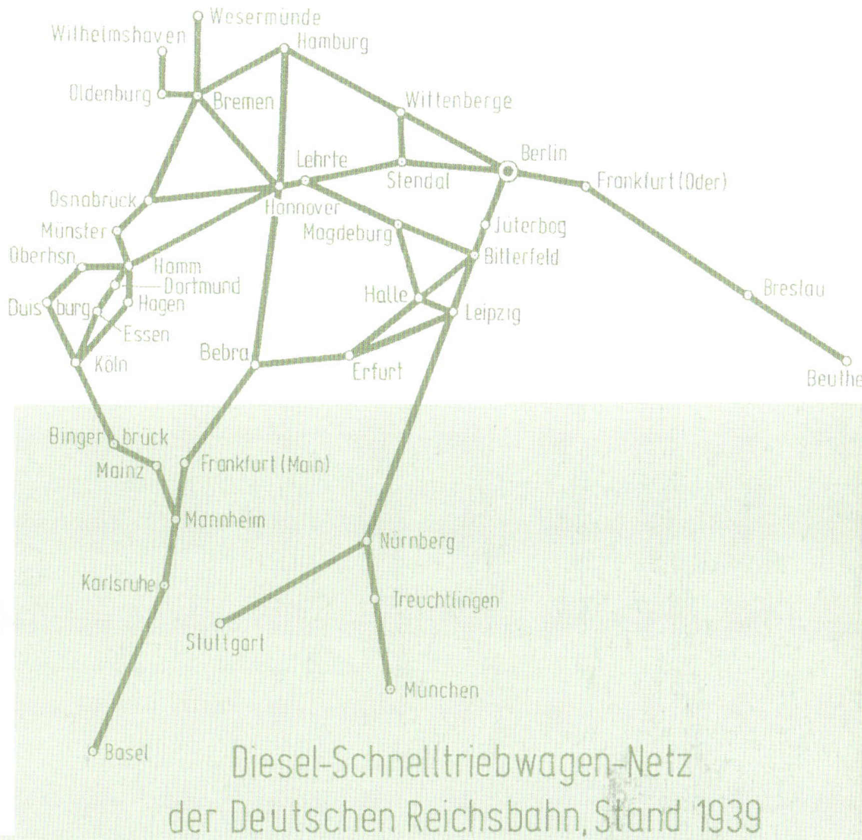

4

gestattet waren. Der Ausbruch des Zweiten Weltkrieges setzte dieser Entwicklung allerdings ein jähes Ende; um Diesel zu sparen, wurde der Betrieb der Fliegenden Züge generell eingestellt. Die bei MAN in Auftrag gegebene Bauart Berlin erlebte dadurch keinen Planeinsatz mehr.

Franz Kruckenberg, der Vater des Schienenzeppelins, kam beim Aufbau des Reichsbahn-Schnellverkehrs noch einmal zum Zuge. Bereits 1931, ein Jahr nach der Rekordfahrt des Schienenzeppelins, hatte er der Reichsbahn den Plan eines dreiteiligen, dieselhydraulischen Schnelltriebzuges vorgelegt. Die strengen gegenüber dem unliebsamen Konkurrenten Kruckenberg erteilten Auflagen des Berliner Reichsbahn-Zentralamtes verzögerten jedoch die Bestellung bis September 1934. Auch die Fertigung der Wagen durch Westwaggon und der Motoren durch MAN wurde aufgrund langer Prüfungsverfahren und zahlreicher Änderungswünsche in die Länge gezogen, so dass der Schnelltriebwagen erst 1938 einsatzbereit war.

In seinem Aussehen unterschied er sich deutlich von den übrigen Fliegenden Zügen: Die langgezogene Schnauze mit dem hoch angebrachten Führerstand sowie die ganz in Silbergrau gehaltene Lackierung knüpften an das Design des Schienenzeppelins an und ließen das Fahrzeug stärker als die anderen Schnelltriebwagen an ein Flugzeug erinnern. Bei einer Versuchsfahrt zwischen Hamburg und Berlin erreichte der Zug, der die Bezeichnung SVT 137 155 a/b/c erhalten hatte, eine Geschwindigkeit von 215 km/h. Doch der weitere Einsatz des Kruckenberg-Wagens verlief äußerst unglücklich. Zweimal brach eine Treibradsatzwelle; die Reparaturarbeiten verzögerten sich wegen der inzwischen voll angelaufenen Kriegsvorbereitungen. Bei Kriegsbeginn stand der Triebwagen immer noch im RAW Wittenberge – er sollte nie mehr zum Einsatz kommen. Sein Ende kam 1958, als er nach jahrelanger Abstellung im Freien schließlich verschrottet wurde. Doch einige seiner Konstruktionselemente wurden bei den Dieseltriebzügen VT 11.5 der Bundesbahn (Einsatz als TEE-Zug) sowie dem SVT 18.16 der DDR-Reichsbahn (Einsatz als Vindobona und Neptun) wieder aufgegriffen: Beide Fahrzeuge tragen sichtbar die Handschrift Kruckenbergs.

Die übrigen Fliegenden Züge kamen dagegen nach Kriegsende wieder zum Einsatz. Sowohl bei der neu gegründeten Bundesbahn im Westen als auch bei der Reichsbahn der DDR waren die eleganten Renner unentbehrlich für den Aufbau des Schnellzugverkehrs nach den großen Fahrzeugverlusten durch Zerstörung und Reparationsleistungen. Zwei Exemplare der Bauarten Leipzig und Hamburg brachten es sogar bis zu Salontriebwagen der DDR-Regierung. Der 1935 gebaute Wagen der Bauart Hamburg wurde noch bis in die 1990er Jahre für Ausflugsfahrten eingesetzt. Auch der 1957 von der Deutschen Bundesbahn ausgemusterte erste Fliegende Hamburger ist erhalten geblieben, allerdings nur als Torso. Heute ist er eine der Attraktionen des DB Museums.

R. M.

Leben mit der Bahn

309 Die Deutsche Reichsbahn war der größte Arbeitgeber in Deutschland. Mit den Angehörigen und Ruheständlern gehörten etwa fünf Prozent der Bevölkerung zur „Reichsbahnfamilie". Die meisten Reichsbahner waren stolz auf ihre Bahn und fühlten sich auch über den Arbeitsplatz hinaus mit ihr verbunden. Das Zusammenleben in Eisenbahnersiedlungen und die gemeinsame Freizeitgestaltung in Eisenbahnervereinen bestärkte das Wir-Gefühl. Die Reichsbahn unterstützte diese schon seit der Länderbahnzeit bestehende Bindung und förderte besonders den Wohnungsbau für ihre Eisenbahner und die Vereinsaktivitäten.

Die Wohnungsnot war eines der größten sozialen Probleme der Zwischenkriegszeit. Der Staat betrieb eine aktive Wohnungsbaupolitik und auch Kommunen, Verbände, Großbetriebe und Kirchen gründeten eigene Baugenossenschaften. Die Reichsbahn förderte ebenfalls den Wohnungsbau, um ihren Beschäftigten und deren Familien angemessenen, gesunden und preiswerten Wohnraum in der Nähe der Arbeitsstätte zur Verfügung zu stellen. Dabei setzte sie eine Tradition der Länderbahnen fort und reagierte auf die herrschende Wohnungsnot. Denn wegen der Gebietsabtretungen nach dem Ersten Weltkrieg und Ausweisungen während der Rheinlandbesetzung waren besonders viele Eisenbahnerfamilien von der Wohnungsnot betroffen. So unterstützte die Reichsbahn die Gründung von Genossenschaften für den Bau von

Grundrisse aus der Gartensiedlung

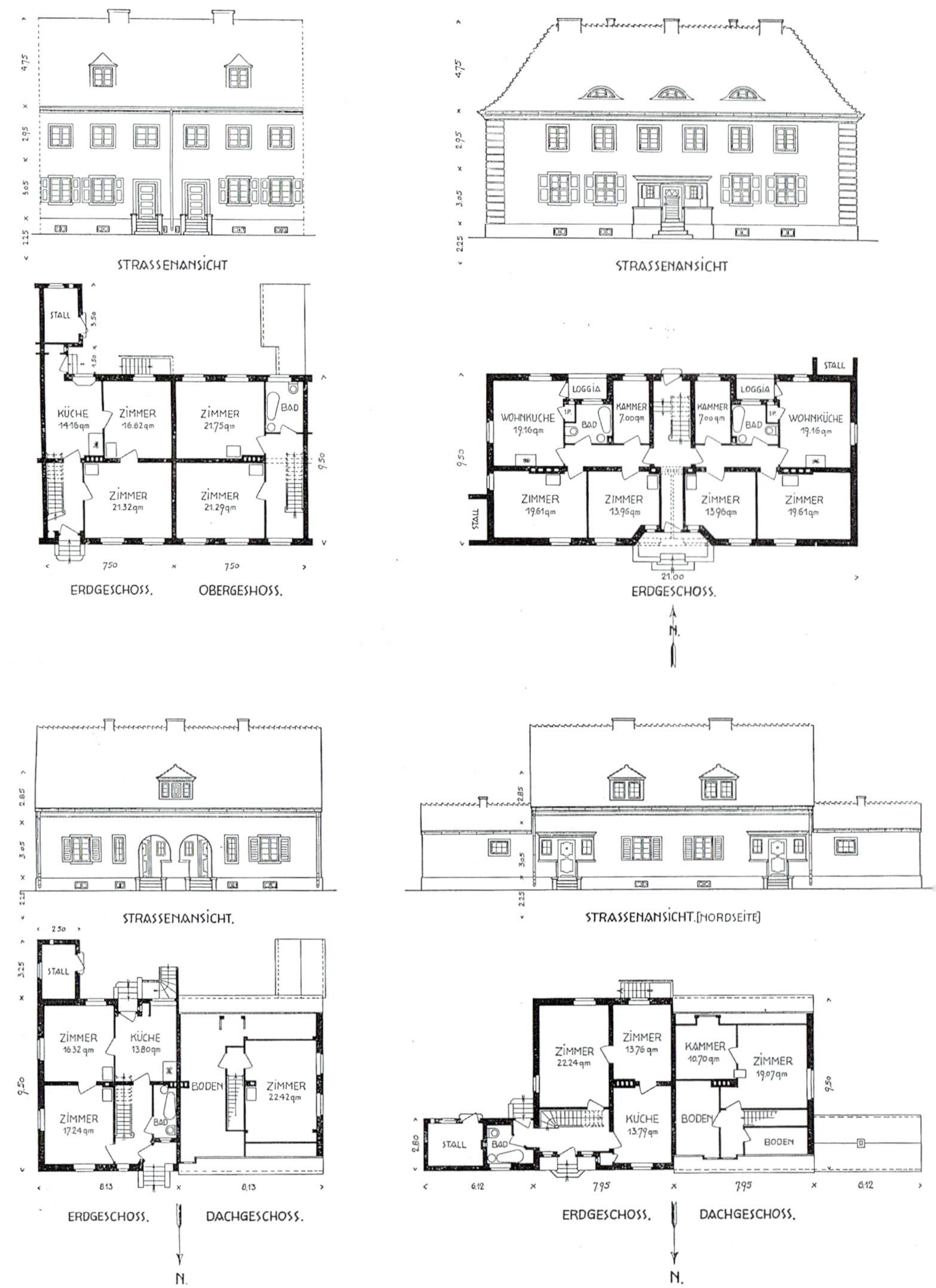

1

Siedlungen durch Erbpachtverträge und die Vergabe günstiger Hypothekendarlehen. Wenn nötig, stellte sie auch Baugrund zur Verfügung und übernahm die Planung.

Bis 1929 standen 175.000 Wohnungen zur Verfügung, so dass jeder vierte Reichsbahner mit seiner Familie in von der Eisenbahn gefördertem Wohnraum lebte. Allein 33.000 dieser Wohnungen sind in den Jahren 1925 bis 1929 erbaut worden. Die Wohnungsnot unter den Reichsbahnern galt 1931 als weitgehend behoben.

Für den Bau der Siedlungen griff die Reichsbahnverwaltung auf neueste Erkenntnisse der modernen Stadtplanung zurück, um den Beschäftigten eine besonders lebenswerte Umgebung zu schaffen. Bei den Planungen wurden aber nicht nur moderne Ideen umgesetzt, sondern auch bestimmt, dass die baulichen Traditionen der jeweiligen Region beachtet werden sollten. Einheimische Künstler wurden mit der Ausgestaltung der neuen Siedlungen beauftragt. Falls in der Nähe ein alter Ortskern bestand, unternahmen die Planer den Versuch, ihn in die neue Siedlung zu integrieren, um ein möglichst organisches Ortsbild entstehen zu lassen. Im ganzen Reich entstanden Eisenbahnersiedlungen, die den Anspruch erhoben, praktisch und funktional, aber nicht uniform zu sein. Hierbei wurden die Ideen der Gartenstadtbewegung und Elemente des „Heimatschutzstils“ verwendet, um eine Synthese zwischen gewachsener lokaler Tradition und

1) Grundrisse und Hausansichten aus der ReichsbahnGartensiedlung in Frankfurt/Oder 1925

2) Wohnungssiedlung der Eisenbahnerbaugenossenschaft Nürnberg-Rangierbahnhof 1927

3) Wirtshaus „Freimanner Franziskaner“ in der Eisenbahnersiedlung München-Freimann 1930

4) Laden des Konsumvereins in München–Freimann 1930

5) Eingang zur Gartensiedlung in Frankfurt/Oder 1925

2

3

4

5

1

modernem Wohnstandard zu erzielen. Die Siedlungen lagen meist außerhalb der Städte und boten so genügend Platz für Grünanlagen, Gärten und Spielplätze. Ebenso waren Einrichtungen wie Kirchen, Läden, Gastwirtschaften, Kindergärten, Schulen, Badeanstalten und Gemeinschaftswaschküchen von Anfang an geplant, so dass man wie in einer eigenen Stadt lebte. Die Familien waren für gewöhnlich in Reihenhäusern untergebracht. Ihnen wurde mit der Bereitstellung eines Nutzgartens und eines Kleintierstalls die Möglichkeit zur Selbstversorgung gegeben. Auch die Rangunterschiede der Eisenbahner wurden bedacht: Die höheren Beamten lebten in deutlich größeren Wohnungen, welche bewusst von den anderen abgetrennt waren.

Mit ihrer Wohnungsbaupolitik hatte die Reichsbahn-Gesellschaft die Möglichkeit, eine gewisse Kontrolle über ihre Beschäftigten auszuüben. So entschied die jeweilige Reichsbahndirektion über die Vergabe und Nutzung von Gemeinschaftseinrichtungen, wie Säle oder Wirtschaften. Auf diese Weise versuchten sie politische Veranstaltungen zu verhindern, die den Frieden in der Siedlung gestört hätten.

Das Leben in den Siedlungen mit eigener Infrastruktur und großer Lebensqualität stärkte den Zusammenhalt unter den Reichsbahnern und ihren Angehörigen und förderte eine besondere

2

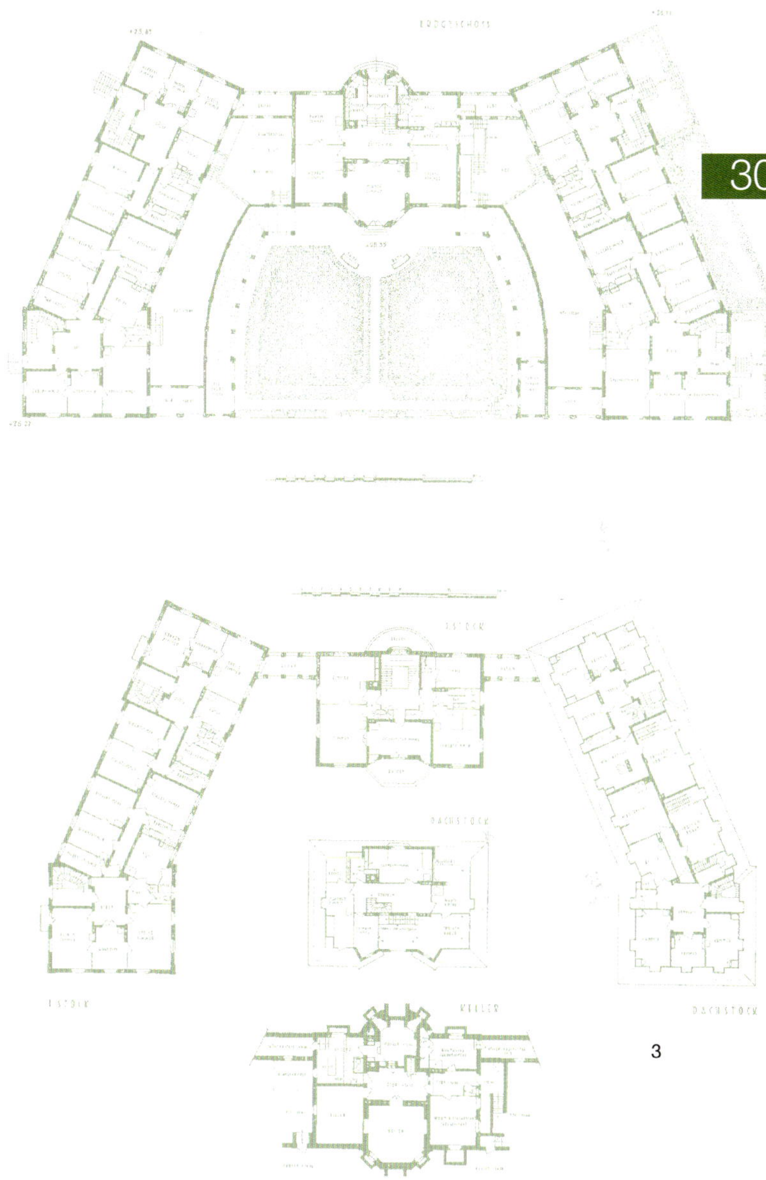

3

Eisenbahnermentalität. Auch die Vielzahl der Eisenbahnervereine unterstützten den Zusammenhalt der Reichsbahner. Bereits im 19. Jahrhundert hatten Eisenbahner Vereine gegründet, welche die Selbsthilfe und Wohlfahrt zum Ziel hatten. Diese Vereine spielten bei der Freizeitgestaltung der Eisenbahner eine wichtige Rolle.

Die „Vereinsleidenschaft“ der Eisenbahner zeigte sich in der Bandbreite der Vereine, die vom Gesangsverein bis zum Kleingärtner- und Sportverein reichte.

1) Hausansicht in Frankfurt/Oder 1925

2) Kinderspielplatz mit Planschbecken in Frankfurt/Oder 1925

3) Grundriss der Wohnanlage „Am Anger“ für höhere Beamte der Reichsbahndirektion Frankfurt/Oder 1925

1

2

Alle diese Vereine waren in einem Dachverband, dem „Reichsverband der Eisenbahnvereine", zusammengeschlossen.

Die Vielfalt der Vereine und die hohe Mitgliederstärke zeigen, dass sich die Eisenbahner und ihre Familien über den Arbeitsplatz hinaus mit der Bahn identifizierten. Ein Grund, warum sie auch in der Freizeit unter sich blieben, waren die häufigen Versetzungen sowie Schicht-, Sonn- und Feiertagsdienste, die die Teilnahme am Vereinsleben anderer Vereine erschwerten. Der Arbeitgeber Reichsbahn unterstützte, wie zuvor die Länderbahnen, die Vereine.

Besonders beliebt waren die Eisenbahnersportvereine. Die Begeisterung für Sportereignisse im Allgemeinen sowie für den Breitensport und damit die Leibesertüchtigung im Besonderen war ein zeittypisches Phänomen. Bereits bestehende Eisenbahnersportvereine gründeten 1926 den Bund der Reichsbahn-Turn- und Sportvereine, der Mitglied im Reichsverband der Eisenbahnvereine war. Unter dem Slogan „Jeder Eisenbahner ein Turner und Sportler" entstanden im ganzen Reichsgebiet Reichsbahn-Sportvereine. Sie erhielten einen großen Zulauf, was an der Entwicklung der Mitgliederzahl innerhalb des Gründungsjahres des Bundes der Deutschen Reichsbahn-Turn- und Sportvereine ersichtlich wird: Im März 1926 waren es 1.500 und im Dezember 1926 schon 35.660 Mitglieder. In den Vereinen vor Ort wurden sämtliche Sportarten betrieben; Bergsteigen, Fußball, Rhönradturnen, Jiu-Jitsu oder Segelfliegen sind nur einige Beispiele. Bereits 1927 fand das erste reichsweite Eisenbahner-Turnfest in München statt. Welche Bedeutung die Reichsbahn der Eisenbahnersportbewegung beimaß, ist daran zu erkennen, dass schon die ersten Turnfeste gefilmt wurden und hochrangige Vertreter der Reichsbahnverwaltung zu Gast waren. Die Reichsbahnverwaltung unterstützte die Vereine unter dem Aspekt der präventiven Gesundheitsfürsorge, indem sie beispielsweise günstig Grundstücke für Sportanlagen stellte. Die Tatsache, dass sich die Vereine laut Satzung als politisch und religiös neutral verstanden, war ein weiterer Grund für die offizielle Förderung.
I. R.

1) Titelblatt der ersten Ausgabe der „Reichsbahn-Turn- und Sport-Zeitung" 1927

2) Medaille für den 1. Bundesmeister im Hammerwerfen-Schwergewicht 1931

309

3

5

6

4

7

8

3) Freiübungen auf dem Reichsbahn-Turn- und Sportfest in München
1927

4) Einzug der Sportler beim Reichsbahn-Turn- und Sportfest in München
1927

5) Ringer
1930

6) Skifahrer
1929

7) Turner beim Hechtsprung
1928

8) Fußballspieler
1932

„Rhönrad ist Trumpf, Rhönrad ist höchster Clou ..."

1 

2 

3 

Der Erfinder des Rhönrades war der Eisenbahner Otto Feick (1890–1957). Seine Erfindung, das Rhönrad, ist eng mit der Eisenbahn verknüpft. Dazu seine eigenen Worte:

„Als Eisenbahner gehörte ich zeitweise dem psychotechnischen Ausschuß in Berlin an. Beim Beschäftigen mit psychotechnischen Fragen kam ich wieder auf den Doppelreifen und träumte davon, daß ein Turnen am wandernden Geräte (...) im Zeitalter des Verkehrs und der Technik notwendig wäre. Auf diese Weise sollten die Werktätigen der Verkehrsbetriebe für den gefahrvollen Dienst körperlich ertüchtigt werden, auch sich daran gewöhnen in veränderter Körperlage geistesgegenwärtig handeln zu können. (...) Denn gerade in der Psychotechnik, jener Wissenschaft, die sich unter anderem zur Aufgabe macht, die Fähigkeit verschiedener Menschen für gewisse Berufe zu ermitteln und diese Fähigkeiten zu Fertigkeiten auszubilden, schien mir für ein solches Gerät eine gute Verwendungsmöglichkeit zu bestehen. Gab es doch viele Berufe, die Schwindelfreiheit, Körperbeherrschung in jeder Lage usw., verlangten. Da kam der passive Widerstand im besetzten Gebiet, in meiner Heimat und im Zusammenhang damit ein mehrmonatiger Gefängnisaufenthalt, den mir französische Generäle diktierten (...)" Der Pfälzer Otto Feick war als Gewerkschafter am passiven Widerstand während der Rheinland-Besetzung beteiligt. Dafür wurde er von den französischen Behörden zum Tode verurteilt, dann aber begnadigt und ausgewiesen. Während seiner Haft entwarf er das Sportgerät. Nach seiner Entlassung ließ er sich in der Rhön nieder, wo er das Rad baute und nach seiner neuen Heimat benannte. Ab 1926 wurde das Rhönrad oder „German Wheel" in rund dreißig Ländern patentiert.

Die Eisenbahner, Feicks ehemalige Kollegen, erprobten für ihre Sportvereine als Erste das Rhönrad. Sie hoben die Bedeutung des Rhönrads als „Psychotechnisches Gerät", mit dem Gleichgewichtssinn und Reaktionsvermögen trainiert wurden, hervor.

So konnte man 1930 in der Reichsbahn-Turn- und Sport-Zeitung lesen: „Der Rhönradsport ist deshalb der gegebene Sport (...) für den Angestellten an der Eisenbahn (...) und ganz besonders für den Rangierer."

Viele Reichsbahnvereine hatten bald eigene Rhönrad-Abteilungen und Rhönrad-Vorführungen wurden schnell zum festen Bestandteil der Eisenbahnsportfeste. Die besten Rhönradturner reisten als Musterriege mit Otto Feick um die ganze Welt, wobei der Auftritt in New York 1930 ein Höhepunkt war. Die Begeisterung gipfelte im Rhönradlied von 1927, aus dessen Refrain im Titel zitiert wird.

I. R.

1) Otto Feick, Erfinder des Rhönrades

2) Rhönradlied 1927

3) Rhönradriege in Manhattan Um 1929

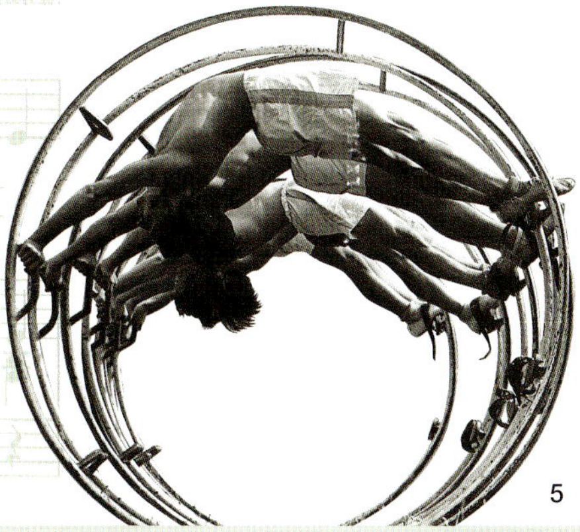

5

4) Rhönradturnerinnen
Um 1929

5) Rhönradturner
Um 1929

4

Gewerkschaften

310 In der Weimarer Republik wurden die Gewerkschaften zu den in der Verfassung anerkannten Vertretern der Arbeitnehmer. Sie konnten nach der Revolution 1918/19 endlich die alten Forderungen nach dem Achtstundentag, der betrieblichen Mitbestimmung durch Betriebsräte und der Abschaffung der Akkordarbeit durchsetzen. Nachdem für die Eisenbahner das Koalitionsverbot aufgehoben war, traten auch sie den Gewerkschaften bei. Dabei war die Gewerkschaftslandschaft der Eisenbahner heterogen strukturiert. Man unterschied zwischen weltanschaulich geprägten Richtungsgewerkschaften, wo Arbeiter und Beamte zusammengefasst waren, und neutralen Fachverbänden der einzelnen Berufsgruppen der Beamtenschaft. So spiegelten die zahlreichen Gewerkschaften bei der Eisenbahn die große Vielfalt an Berufen, Hierarchien und Weltanschauungen bei der Bahn wider.

Die wichtigsten Gewerkschaften waren 1930 der sozialdemokratisch geprägte Einheitsverband der Eisenbahner Deutschlands (250.000 Mitglieder), es folgen die Fachverbände: Gewerkschaft Deutscher Lokomotivführer (GDL 72.000 Mitglieder), Zentral-Gewerkschaftsbund Deutscher Reichsbahnbeamter und Anwärter (ZGDR 120.000 Mitglieder), die christliche Gewerkschaft der Eisenbahner (GDE 155.000 Mitglieder) und der liberale Allgemeine Eisenbahnerverband (A.E.V. 40.000 Mitglieder). Hauptziel aller Verbände war die Verhinderung von Entlassungen und die Verbesserung der Arbeits- und Lebensbedingungen der Mitglieder, womit der Abschluss von Lohntarifverträgen im Zentrum der gewerkschaftlichen Arbeit stand.

Ihre potenzielle Schlagkraft bewiesen die Eisenbahnergewerkschaften, als sie sich 1920 gemeinsam dem Generalstreik gegen den Kapp-Lüttwitz-Putsch anschlossen und damit maßgeblich zum Erhalt der Republik beitrugen. Ansonsten war jedoch die Streikbereitschaft der meisten Eisenbahner eher gering. Es widersprach ihrem Selbstverständnis und Pflichtbewusstsein, den Betriebsablauf und damit das gesamte Wirtschaftsleben mutwillig zu stören.

Ein Beispiel ist das Scheitern des umstrittenen Beamtenstreiks im Februar 1922. Die sozialdemokratische Reichsgewerkschaft der Reichsbahnbeamten und Anwärter, die 1925 den Einheitsverband der Eisenbahner Deutschlands mitbegründete, rief ihre Mitglieder zum Streik auf, um eine Anpassung der Beamtenbesoldung an die Inflation und eine Beibehaltung des Achtstundentags zu erzwingen. Innerhalb weniger Tage kamen der Verkehr und das Wirtschaftsleben in weiten Teilen des Reiches zum

1

Erliegen. Der Streik brach jedoch ebenso schnell wieder zusammen, da ihn die übrigen Eisenbahnergewerkschaften nicht unterstützten. Das radikale Handeln der Reichsgewerkschaft wurde von den anderen Gewerkschaften als „ungewerkschaftlich“ und für das Gemeinwohl und die Bahn schädlich abgelehnt. Obwohl der Streik nur einige Tage dauerte, war der finanzielle Schaden für die Reichsbahn und die Volkswirtschaft beträchtlich. Erst Tage später lief der Betrieb wieder reibungslos. Dies war der erste und zugleich letzte große Streikversuch von Beamten in der Weimarer Republik.

Es war die ständige Uneinigkeit der verschiedenen Eisenbahnergewerkschaften, die zielgerichtetes gewerkschaftliches Handeln unmöglich machte. So konnte der schleichende Abbau gerade erst gewonnener sozialer Errungenschaften wie des Achtstundentags und die Abschaffung der Akkordarbeit nicht verhindert werden. Aus Enttäuschung über die vielen Rückschläge kam es ab Mitte der 1920er Jahre zu vielen Austritten. Die Eisenbahner in der Weimarer Republik blieben jedoch die Arbeitnehmergruppe mit dem höchsten Organisationsgrad. Wichtige Bereiche der Gewerkschaftsarbeit blieben die praktische Hilfeleistung in arbeitsrechtlichen und sozialen Notlagen, die finanzielle Unterstützung nach Unfällen sowie Kulturarbeit

2

3

1) Erste Generalversammlung des Deutschen Eisenbahnerverbandes (D.E.V.) in Jena
1919

2) Collage aus der Gewerkschaftszeitung des Einheitsverbandes der Eisenbahner Deutschlands „Der Deutsche Eisenbahner, Ausgabe B für Beamte“
1932

3) Lohntarifvertrag
1923

310 und Weiterbildungsangebote. Seit Beginn der 1930er Jahre erhielt die Arbeit der Gewerkschaften eine andere politische Dimension. Sie versuchten, den Einfluss der Nationalsozialisten zu verhindern, die mit den „Nationalsozialistischen Betriebszellen-Organisationen“ (NSBO) bei der Reichsbahn Fuß zu fassen suchten. Bereits 1930 existierten NSBO an 203 Dienststellen der Reichsbahn. Auf die häufiger werdenden innerbetrieblichen politischen – teilweise sogar handgreiflichen – Auseinandersetzungen reagierte die Reichsbahn 1932 mit einem Verbot politischer Betätigung am Arbeitsplatz. Auch das Tragen von Dienstuniformen bei politischen Veranstaltungen wurde untersagt. Damit konnte für kurze Zeit der Einfluss der Nationalsozialisten bei der Bahn zurückgedrängt werden.

I. R.

1

1) Titelblatt der Sonderausgabe des „Deutschen Eisenbahners“ anlässlich des Zusammenschlusses des „Deutschen Eisenbahnerverbandes“ und der „Reichsgewerkschaft der Reichsbahnbeamten und Anwärter“ zum „Einheitsverband der Eisenbahner Deutschlands“ in Köln 1925

3

2

„Für Republik, Demokratie und Freiheit!“

5000 Eisenbahner demonstrierten in Halle!

Massenkundgebungen im ganzen Reiche

Sturmbanner der Hallenser Eisenbahner

Der Einheitsverband hat die Hammerschaften der Eisenbahner aufgerufen, für die Ziele der Eisernen Front zu demonstrieren. Der Ruf ist überall begeistert aufgenommen worden, und in diesen Tagen finden im ganzen Reiche beispiellose Massenkundgebungen der deutschen Eisenbahner statt. In Kassel, in Stettin, in Koblenz, in Halle, um nur einige Orte herauszugreifen, — überall zeigten die Eisenbahner, daß sie als Avantgarde der Eisernen Front entschlossen sind, am 31. Juli mit dem Stimmzettel gegen den Hitlerismus einen vernichtenden Schlag zu führen.

*

Die gewaltigste Demonstration, die in Halle a. d. S. je gesehen worden ist, war die Kundgebung der Eisenbahner am 10. Juli, zu der unsere Bezirksleitung Halle aufgerufen hatte.

*

Allein von Leipzig waren zwei Sonderzüge mit Eisenbahnern eingetroffen. Ein endloser Demonstrationszug, von dem wir einige kleine Teilauschnitte hier im Bilde veröffentlichen, bewegte sich durch die Straßen der Stadt bis zum Gebäude der RBD. und zurück zum Volkspark, begeistert von der freiheitlichen Bevölkerung begrüßt. Da die riesigen Massen in den Räumen des Volksparks nicht unterkommen konnten, mußte eine Parallelversammlung in den großen Gartenanlagen abgehalten werden. Es wurden Ansprachen von den Kollegen Scheffel und Jahn vom Verbandsvorstand und vom Kollegen Bezirksleiter Möller, von Vertretern der Eisenbahner anderer Bezirke und der Beamten gehalten. Die Kundgebung war ein wuchtiges Kampf- und Treuegelöbnis für die Eiserne Front und ein unvergeßliches Erlebnis für alle, die daran teilgenommen haben.

*

Leider haben sich nach Schluß dieser imposanten und in mustergültiger Disziplin durchgeführten Kundgebung noch Vorgänge abgespielt, die jeden anständig denkenden Menschen mit Empörung erfüllen. Der Kamerad Zahn, der im Spielmannszug der Demonstration mitgewirkt hatte, wurde, als er sich allein auf dem Nachhauseweg befand, von einer Horde SA.-Leuten überfallen, in den Hausflur gerissen, mit Totschlägern und Stahlruten zu Boden geschlagen, und

außerdem mit einem Schlächterbeil schwer verletzt, mit dem ihm das halbe Gesicht gespalten wurde.

Das sind Zustände, die zum Himmel schreien. Die Täter sind verhaftet und ins Gefängnis eingeliefert worden.

Zwei Leipziger Kollegen, die abends auf dem Rückwege zum Bahnhof waren, wurden ebenfalls von mehreren Nazis angegriffen. Die Burschen waren aber an die Unrechten gekommen, sie bezogen von den empörten Leipzigern eine gehörige Tracht Prügel. Mehrere Leute der NSDAP. wurden dabei schwer verletzt. Sehr merkwürdig mutet die Haltung der Polizei an, die nicht die Angreifer, sondern die sich ihrer Haut wehrenden beiden Leipziger Kollegen festnahm. In dem anschließenden Schnellgerichtsverfahren wurden die beiden Kollegen freigesprochen, der beste Beweis dafür, daß sie die Angegriffenen waren.

Das Flügelrad rollt! — Es rollt

vorwärts zur Freiheit!

Die mitteldeutschen Eisenbahner werben für Liste 1

2) Artikel über eine Eisenbahnerdemonstration gegen Hitler aus der Gewerkschaftszeitung des Einheitsverbandes der Eisenbahner Deutschlands „Der Deutsche Eisenbahner, Ausgabe B für Beamte“
1932

3) Gewerkschaftsfahne des Einheitsverbandes der Eisenbahner Deutschlands, Ortsgruppe Wittenberge
1927

4) Karikatur „Der Hausierer“ aus der Gewerkschaftszeitung des Einheitsverbandes der Eisenbahner Deutschlands „Der Deutsche Eisenbahner, Ausgabe B für Beamte“
1932

4

„Ich habe den Kerl doch schon einmal hinausgeworfen! Jetzt ist aber Schluß!“

che Reichsbahn

Die Reichsbahn in der nationalsozialistischen Diktatur 1933-1945

Nach der Machtübernahme der Nationalsozialisten im Jahr 1933 wurde die Reichsbahn in wenigen Jahren zu einem Werkzeug der nationalsozialistischen Diktatur. Die „Gleichschaltung“ erfolgte durch gezielte Entlassungen, massive Propaganda und umfassende Eingriffe in die Unternehmensstruktur. Die zusätzlichen Aufgaben der Reichsbahn reichten von Arbeitsbeschaffungsmaßnahmen über die Organisation der „Kraft-durch-Freude“-Urlaubsfahrten bis zur logistischen Unterstützung der nationalsozialistischen Massenveranstaltungen. Die Vereinnahmung gipfelte in der unmittelbaren Beteiligung des Staatsbetriebes am Zweiten Weltkrieg und an den Verbrechen des Regimes. Weder der Vernichtungskrieg im Osten noch die Deportation von Millionen Menschen in die Konzentrations- und Vernichtungslager wären ohne die Reichsbahn möglich gewesen.

Die Nationalsozialisten konnten auf die Staatstreue und die nationale Gesinnung der meisten Eisenbahner bauen; viele Mitarbeiter der Reichsbahn begrüßten den neuen Staat. Der Arbeitsalltag sowie die gesamte Unternehmenskultur waren geprägt von strenger Hierarchie, strikter Aufgabenteilung und einem hohen Maß an Pflichtbewusstsein. So transportierte die Reichsbahn riesige Mengen Kohle und Kartoffeln mit derselben Präzision, wie sie Soldaten an die Front und Juden in die Vernichtungslager beförderte. Nur wenige der beteiligten Eisenbahner erkannten die Tragweite ihres Handelns jenseits der reinen Pflichterfüllung.

U. B. / A. E.

1

2

1) Propaganda-Aktion im Raum Worms 1935

2) Siegel der Deutschen Reichsbahn nach 1937

Die Führungsspitze der Reichsbahn im Nationalsozialismus

1) Der Vorstand der Deutschen Reichsbahn im Mai 1934 (v.l.n.r.): Max Leibbrand (Betrieb), Johannes Vogt (Verkehr), Gustav Hammer (Einkauf), Julius Dorpmüller (Generaldirektor), Georg Gollwitzer (Vertreter Bayerns), Wilhelm Kleinmann (Personal) und Ludwig Homberger (Finanzen)

Hitlers Lieblingsfotograf Heinrich Hoffmann nahm nebenstehendes Foto auf. Es ist eine Momentaufnahme der Reichsbahnführung 1934 und gleichzeitig ihrer Anpassung an das neue Regime. Es steht für das Bündnis von Konservativem und Neuem, von Sachverstand und Ideologie. Max Leibbrand, Johannes Vogt, Gustav Hammer, das waren hochanerkannte Fachleute. In der Mitte, allein schon dank seiner Statur kaum zu übersehen, der langjährige Generaldirektor Julius Dorpmüller, der bis Kriegsende die Reichbahn leitete und repräsentierte. Rechts, so platziert, als hätte es der Fotograf geahnt, dass Bayerns Sonderrolle innerhalb der Reichbahn bald beendet sein sollte, der Vertreter Bayerns im Vorstand Georg Gollwitzer. Kaum zu übersehen schließlich Wilhelm Kleinmann, der stets in SA-Uniform auftretende neue Personalverantwortliche und Stellvertreter Dorpmüllers. Er stand für das „nationalsozialistische Neue" bei der Reichsbahn. Erstaunlich an diesem Foto ist, dass auch Ludwig Homberger mit abgebildet wurde. Denn er wurde schon sehr früh von nationalsozialistischen Eisenbahnern in Berlin als „getaufter Jude" diffamiert, den es zu entlassen gelte.

Ludwig Homberger war zuständig für alle Finanz- und Rechtsfragen. Ähnlich wie Dorpmüller schätzte man ihn bei der Reichsbahn sehr. Er war ein international anerkannter Fachmann, der sich in den Dawes-Verhandlungen kenntnisreich und kreativ für die Interessen der Reichsbahn eingesetzt hatte. Zudem zeichnete er wesentlich für den wirtschaftlichen Erfolg der Reichsbahn-Gesellschaft verantwortlich. Noch bis 1935 blieb Homberger der Finanzchef der Reichsbahn, ohne allerdings in der Öffentlichkeit auftreten zu können. Vor allem Carl Friedrich von Siemens, der bis 1934 Präsident des Verwaltungsrats der Reichsbahn-Gesellschaft blieb, versuchte Homberger gegen den Druck der Nationalsozialisten bei der Reichsbahn zu halten. Doch spätestens nach Verkündung der „Nürnberger Rassegesetze" mussten alle Beamten jüdischer Herkunft gehen, die noch in Ausnahmefällen bei der Reichsbahn geblieben waren. Ludwig Homberger gelang es, in die USA zu emigrieren.

Die Reichsbahn vollzog die personalpolitische Anpassung an das neue Regime schnell. So hatte auch Hans Baumann, der langjährige Pressechef der Reichsbahn, seinen exponierten Posten aufzugeben, da er ebenso wie Homberger als Jude denunziert wurde. Wilhelm Weirauch, der langjährige Personalverantwortliche, stand angeblich der Sozialdemokratie nahe. Seine wichtige Position wurde mit dem Nationalsozialisten Kleinmann besetzt.

Andere Mitglieder der Führungsspitze der Reichsbahn wie Leibbrand oder Gollwitzer nutzten die Chance bis zum 1. Mai 1933 noch Mitglied der NSDAP zu werden.

Für Außenstehende war diese „Gleichschaltung" jedoch kaum sichtbar. An der Spitze der Reichsbahn stand weiterhin Julius Dorpmüller, seit 1926 Generaldirektor der Deutschen Reichsbahn. Der 1869 in Elberfeld Geborene hatte eine beispiellose Karriere hinter sich, als er sich kurz vor dem Pensionsalter von den Nationalsozialisten vereinnahmen ließ. Der technikbegeisterte Eisenbahningenieur verstand es meisterhaft, unpolitisch und überparteilich zu wirken. Obwohl auch er der NSDAP von 1933 ein Dorn im Auge war, hielt Hitler an dem „Hindenburg der Reichsbahn" fest, da er für das Bündnis zwischen Konservativen und Nationalsozialisten stand und Kontinuität symbolisierte. Parteimitglied wurde Dorpmüller erst 1941, ein Jahr nachdem er das goldene Parteiabzeichen der NSDAP erhalten hatte.

Die „nationalsozialistische Bewegung" bei der Reichsbahn repräsentierte Kleinmann. Als ehemaliger Leiter der Oberbetriebsleitung in Essen war er allerdings viel zu sehr Eisenbahnfachmann, als dass er allen Forderungen nach Posten und Beförderungen von NSDAP-Mitgliedern nachgab. So genoss er das Vertrauen Dorpmüllers, der es zu schätzen wusste, einen Kenner der Eisenbahn und der Befindlichkeiten der NSDAP an seiner Seite zu haben. Dorpmüller verdankte es letztlich ihm, dass er aus den anfänglichen Auseinandersetzungen mit der NSDAP und den für das „Dritte Reich" so typischen Machtkämpfen um Posten und den direkten Zugang zum „Führer" gestärkt hervorging. Dabei hatte er sich auch gegen Fritz Todt, den „Generalinspektor für das deutsche Straßenwesen", durchgesetzt. 1937 war Dorpmüller auf dem Höhepunkt seiner Karriere, ohne zu sehen, wie er mehr und mehr mit dem verbrecherischen Regime konform ging. Als die Reichsbahn-Gesellschaft nun auch juristisch aufgelöst wurde, erhielt Dorpmüller neben seinen Posten als Generaldirektor der Reichsbahn und Vorstandsvorsitzender der „Reichsautobahnen" nun auch das Amt des Reichsverkehrsministers.

Heftig in die Kritik geriet die Reichsbahnführung mit Beginn des Krieges gegen die Sowjetunion. Im Winter 1941/42 war es der Bahn kaum noch möglich, die von der Wehrmacht geforderten Transporte zu fahren und den Betrieb aufrechtzuerhalten. Die Transportkrise wurde dem „Schlendrian der Eisenbahner" angelastet und vor allem Rüstungsminister Albert Speer forderte personelle Konsequenzen. Wilhelm Kleinmann hatte zu gehen. Neuer Stellvertreter Dorpmüllers wurde Albert Ganzenmüller. Der 37-jährige entsprach ganz dem Ideal eines modernen technokratischen Nationalsozialisten. Ganzenmüller war bisher in verschiedenen Positionen für die Reichsbahn tätig gewesen, unter anderem in Breslau, München und Nürnberg, hatte im besetzten Paris gearbeitet und sich freiwillig zur Verwendung im Osten gemeldet. Als Teilnehmer am Hitler-Putsch 1923 war Ganzenmüller Träger des „Blutordens" und besaß das Vertrauen der Parteigenossen.

In enger Abstimmung mit Dorpmüller errichtete er eine neue Organisationsstruktur der Reichsbahn, die effektiver auf die Bedürfnisse der Wehrmacht reagieren konnte. Auch einige der altgedienten Führungskräfte aus der Weimarer Zeit wurden auf seine Initiative hin abgelöst, darunter der Betriebschef Leibbrand. Ganzenmüller leitete das tägliche Geschäft der Reichsbahn „meisterhaft", an ethischen Fragen war er schlichtweg nicht interessiert. In den Auseinandersetzungen mit Speer, der versuchte, das „Transportwesen" vollständig in seinen Machtbereich zu ziehen, konnte er sich gemeinsam mit Dorpmüller durchsetzen. Dorpmüller und Ganzenmüller ergänzten sich deshalb so gut, da sie beide durch und durch Eisenbahner waren. Die Bahn am Laufen zu halten, egal was und wen sie transportierte, war für sie oberstes Gebot. Deshalb widersetzten sich beide auch den „Nero-Befehlen" Hitlers, als das Ende des „Dritten Reiches" offensichtlich war, während sie ansonsten allen Befehlen Folge leisteten.

S. K.

Gleichschaltung und Anpassung

401

Auf die Ernennung Adolf Hitlers zum Reichskanzler am 30. Januar 1933 folgte die schrittweise Durchsetzung der nationalsozialistischen Diktatur. Nach und nach wurden alle staatlichen und gesellschaftlichen Organisationen auf das neue Regime und seine Ideologie ausgerichtet, Gewerkschaften und Parteien verboten, jüdische Mitarbeiter entlassen. Die „Gleichschaltung“ erfasste auch die Reichsbahn und ihre Belegschaft.

Als Erste traf es die Eisenbahnergewerkschaften, und hier den der SPD nahestehenden „Einheitsverband der Eisenbahner Deutschlands“. Dessen Organ „Der Deutsche Eisenbahner“ wurde am 11. März 1933 verboten. In den folgenden Wochen versuchte der Vorstand durch die Verabschiedung neuer „Richtlinien für die Verbandsarbeit“ seine Anpassung an die neuen politischen Verhältnisse zu demonstrieren. Die Besetzung der Gewerkschaftshäuser am 2. Mai 1933 und die Beschlagnahme der Gewerkschaftsvermögen durch die Nationalsozialisten bedeuteten jedoch für den Einheitsverband wie für die meisten anderen Gewerkschaften das faktische Ende. Auch die konservative „Gewerkschaft Deutscher Lokomotivführer“ (GDL) konnte sich nur wenig länger behaupten. Am 1. Juli 1933 gab sie den zum politischen Reizwort gewordenen Begriff

1) Eine von den Nationalsozialisten organisierte Eisenbahner-Demonstration vor dem Verkehrsmuseum in Nürnberg am 21. Juni 1933

„Gewerkschaft" auf und benannte sich in „Verein Deutscher Lokomotivführer" um. Nachdem der Vorsitzende der GDL aufgrund des wachsenden politischen Drucks sein Amt am 16. Dezember 1933 niedergelegt hatte, wurde die Organisation zur Marionette der Nationalsozialisten. Am 12. November 1936 erfolgte ihre formale Eingliederung in den „Reichsbund der Deutschen Beamten" (RDB). Der RDB war wie die „Deutsche Arbeitsfront" (DAF) kurz nach der „Machtergreifung" ins Leben gerufen worden, um die Arbeitnehmer zwangsweise politisch zu organisieren. Die Reichsbahnbeamten waren im RDB in der „Fachschaft Reichsbahn" und der „Fachschaft Lokomotivpersonal" zusammengefasst, die Bahnarbeiter in der „Fachgruppe Reichsbahn" der DAF. Die Interessenvertretungen der Eisenbahner wurden somit durch Vertretungen im Sinne des nationalsozialistischen Regimes ersetzt. Ähnliches geschah mit den Beamten- und Betriebsräten, die Ende 1933 aufgelöst wurden. An ihre Stelle traten die sogenannten Vertrauensräte, in denen Arbeitgeber und Arbeitnehmer vertreten waren. Sie verfügten aber nicht über die gleichen Mitspracherechte wie die früheren Beamten- und Betriebsräte. Der Grundsatz der innerbetrieblichen Mitbestimmung wurde letztlich abgelöst durch das Treuever-

401

1

hältnis zum „Führer". So hatten die Reichsbahnbeamten wie alle Staatsbeamten dem „Führer" Treue und Gehorsam zu schwören.

Nach der Auflösung der Eisenbahnergewerkschaften wurden viele aktive Gewerkschaftsmitglieder versetzt oder aus dem Bahndienst entlassen. Auch andere Mitarbeiter der Reichsbahn verloren ihren Arbeitsplatz. Sozialdemokraten und Kommunisten wurden überall aus dem Bahndienst entfernt. Nach dem Erlass des „Gesetzes zur Wiederherstellung des Berufsbeamtentums" vom 7. April 1933 mussten zudem zahlreiche jüdische Reichsbahnbeamte zwangsweise in den Ruhestand treten. Diejenigen, die zunächst noch im Amt verblieben, wurden schließlich aufgrund der „Nürnberger Rassegesetze" von 1935 aus ihren Ämtern gedrängt.

Parallel zu den Entlassungen wurden alle Mitarbeiter verpflichtet, ihre arische Abstammung nachzuweisen. Darüber hinaus mussten sich alle Bewerber, die in das Unternehmen eintreten wollten, einer politischen Beurteilung durch die Beauftragten der NSDAP unterwerfen. Hierzu wurde bei jeder Reichsbahndirektion die „Organisation des politischen Überwachungsdienstes" eingerichtet. Den überprüften Bewerbern musste zumindest bescheinigt werden, dass gegen ihre Einstellung „vom Standpunkt des Nationalsozialismus aus keine Bedenken" bestanden.

Die bereits im Dienst der Reichsbahn stehenden Mitarbeiter wurden nicht direkt zum Parteibeitritt aufgefordert. Ein Erlass wies vielmehr die Beamten darauf hin, dass die von ihnen geforderte „nationale Zuverlässigkeit" nicht die Zugehörigkeit zur NSDAP voraussetzte. Dennoch traten zahlreiche Reichsbahnbeamte und auch viele Arbeiter der Partei oder einer ihrer Gliederungen bei. Die Mitgliedschaft wurde jeweils im Personalbogen vermerkt und war durchaus von praktischem Nutzen. Nicht nur bei Neueinstellungen, sondern auch bei Versetzungen erhielten NSDAP-Mitglieder oft den Vorzug.

Neben der personellen und organisatorischen Gleichschaltung wurde die Reichsbahn auch in ihrem äußeren Erscheinungsbild auf das neue Regime ausgerichtet. Im Juli 1933 ordnete Generaldirektor Julius Dorpmüller die Einführung des „deutschen Grußes" an. Weitere Verordnungen regelten die Beflaggung der Bahngebäude bei besonderen Anlässen und an nationalsozialistischen Feiertagen. Ab der Mitte des Jahres 1934 trugen alle Bahnmitarbeiter das staatliche Hoheitssymbol, den Adler mit Hakenkreuz, an der Dienstmütze.

2

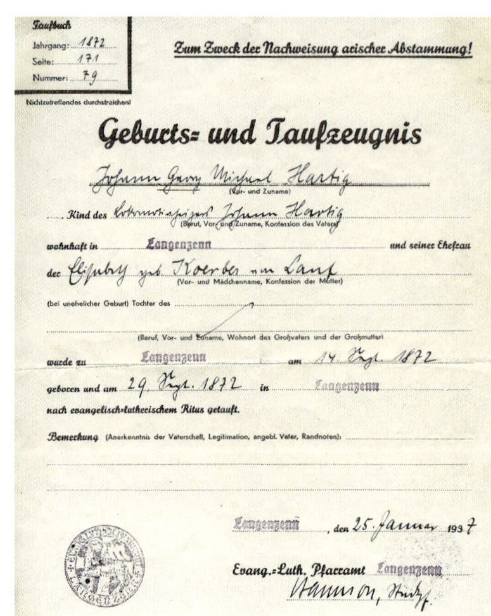

Taufbuch
Jahrgang: 1872
Seite: 171
Nummer: 79

Zum Zweck der Nachweisung arischer Abstammung!

Nichtzutreffendes durchstreichen!

Geburts- und Taufzeugnis

Johann Georg Michael Hartig (Vor- und Zuname)

Kind des ... Johann Hartig (Beruf, Vor- und Zuname, Konfession des Vaters)

wohnhaft in Langenzenn und seiner Ehefrau

der ... geb. Kroeber von Lauf (Vor- und Mädchenname, Konfession der Mutter)

(bei unehelicher Geburt) Tochter des

(Beruf, Vor- und Zuname, Wohnort des Großvaters und der Großmutter)

wurde zu Langenzenn am 14. Sept. 1872

geboren und am 29. Sept. 1872 in Langenzenn

nach evangelisch-lutherischem Ritus getauft.

Bemerkung (Anerkenntnis der Vaterschaft, Legitimation, angebl. Vater, Randnoten):

Langenzenn, den 25. Januar 1937

Evang.-Luth. Pfarramt Langenzenn

3

4

1) Besetzung des Berliner Gewerkschaftshauses am Engelufer durch Mitglieder der SA am 2. Mai 1933

2) Großkundgebung der Deutschen Arbeitsfront im Reichsbahnausbesserungswerk München-Freimann am 2. April 1935 anlässlich der Vertrauensratswahlen

3) Nachweis „arischer Abstammung“ für einen Lokomotivführer 1937

4) Feier zum 40-jährigen Dienstjubiläum eines Reichsbahnmitarbeiters 1935

5) Mitgliedskarte des RDB 1939

6) Goldenes Treudienst-Ehrenzeichen, das zum 40-jährigen Dienstjubiläum verliehen wurde

Gunzenhausen

Reichsbund der Deutschen Beamten e.V. Berlin

Mitgliedskarte Nr. 1 353 955

Friedrich Hauenstein, geb. 26.6.08

Vor- und Zuname

Rb.Rottenführer, Bindsfeld-Dittenheim

Amtsbezeichnung Wohnort

Berlin, den 3. 10. 1939

1

Reichswalter des Reichsbundes der Deutschen Beamten e.V.

5

6

Wir marschieren mit!

401 Nach der neuen Dienstkleiderordnung von 1941 befand sich das Symbol auch an den Ärmeln und Kragenspiegeln. Des Weiteren wurde es auf vielen Betriebsmitteln, Druckschriften und ab 1938 auf bestimmten Eisenbahnfahrzeugen angebracht. Nicht zuletzt waren auch bei der Reichsbahn vielerorts Bilder vom „Führer" zu sehen: in Büros und Aufenthaltsräumen, bei privaten Jubiläumsfeiern oder offiziellen Anlässen.

Die Gleichschaltung der Reichsbahn vollzog sich mithin in vielen einzelnen Schritten. Auf Dauer gefestigt wurde sie durch das „Gesetz zur Neuregelung der Verhältnisse der Reichsbank und der Deutschen Reichsbahn" von 1937. Dieses Gesetz zog endgültig den Schlussstrich unter die Weimarer Jahre der „Deutschen Reichsbahn-Gesellschaft": Das Unternehmen wurde formell wieder ganz der Hoheit des Reiches unterstellt und hieß nun offiziell „Deutsche Reichsbahn". Dem Generaldirektor Dorpmüller wurde in Personalunion die Aufgabe des Reichsverkehrsministers übertragen, die er bis Kriegsende 1945 innehatte.

Trotz anfänglicher Anfeindungen seitens der Nationalsozialisten blieb Dorpmüller als national-konservative Integrationsfigur der Reichsbahn für die Nationalsozialisten unersetzlich. Er genoss unter den Eisenbahnern hohes Ansehen und war bereit, sich dem neuen Regime vorbehaltlos anzupassen. Bereits am 24. März 1933 – an dem Tag, an dem das Ermächtigungsgesetz in Kraft trat – hatte Dorpmüller in einem Aufruf alle Eisenbahner aufgefordert, ihre „volle Kraft" für die neue „nationale Regierung" einzusetzen. Wie die meisten Mitarbeiter der Reichsbahn glaubte auch ihr Generaldirektor, durch Pflichterfüllung und Disziplin dem Unternehmen und dem Vaterland zu nutzen.

U.B.

1) Empfangsgebäude des Hauptbahnhofs Regensburg
Um 1935

2) Politische Propaganda in der Güterabfertigungshalle am Nürnberger Rangierbahnhof
1936

1

2

3

4

3) Nachdem Hitler am 30. Januar 1937 im Reichstag erklärt hatte, die Reichsbahn wieder „restlos unter die Hoheit der Regierung" stellen zu wollen, fand am 4. Februar eine Eisenbahner-Kundgebung vor der Reichskanzlei in Berlin statt.

4) Die Büste des Generaldirektors der Reichsbahn, Julius Dorpmüller, wurde anlässlich seines 70. Geburtstags am 24. Juli 1939 im Verkehrsmuseum Nürnberg aufgestellt.

5) Uniformjacke eines Reichsbahnschaffners der Reichsbahndirektion München 1941-45

5

Reisen zwischen Urlaubsidyll und Massenaufmarsch

402

1

2

3

1) Werbeprospekt der Deutschen Reichsbahn 1934

2) Der Ausflugstriebwagen „Gläserner Zug" – hier die Dieselversion – in der Fränkischen Schweiz 1936

3) Werbeprospekt der Deutschen Reichsbahn 1930er Jahre

4) Reisesouvenir für ausländische Touristen mit einem Bild von Hitlers Domizil auf dem Obersalzberg 1930er Jahre

Nach dem Einbruch infolge der Weltwirtschaftskrise nahm der Reiseverkehr mit der Bahn in den 1930er Jahren wieder deutlich zu. Zwischen 1933 und 1938 erhöhte sich die Zahl der von der Reichsbahn gefahrenen Personenkilometer um 95,7 Prozent. Die Steigerungsrate überstieg das Wirtschaftswachstum bei weitem, und dies obgleich die Konkurrenz des Straßenverkehrs zur gleichen Zeit weiter zunahm.

Der wirtschaftliche Aufschwung, der unter anderem gestützt wurde durch die Rüstungs- und Arbeitsbeschaffungsprogramme der Nationalsozialisten, ermöglichte wieder mehr Deutschen eine Urlaubsreise. Darüber hinaus trugen die von den Nationalsozialisten organisierten KdF-Urlaubsfahrten und politischen Großveranstaltungen zum Anstieg des Reiseverkehrs bei. Die NS-Organisation „Kraft durch Freude" (KdF) wurde im November 1933 vom Chef der Deutschen Arbeitsfront, Robert Ley, ins Leben gerufen. Die Organisation war zunächst als Auffangbecken für die verbotenen Sport- und Kulturvereine der Arbeiterbewegung gedacht. Ihr eigentliches Betätigungsfeld wurde aber bald die Organisation von Wochenendausflügen und Urlaubsreisen. Nachdem im Februar 1934 die ersten KdF-Urlaubszüge gestartet waren, setzte ein Sturm auf die KdF-Reisen ein, der offenbar selbst die Initiatoren überraschte. Bis zum Ende des Jahres 1934 fuhren bereits eine halbe Million Menschen mit KdF in den Urlaub, bis zum Kriegsbeginn 1939 waren rund 7,4 Millionen Urlaubsreisen verkauft. Weit größer noch war die Zahl der Teilnehmer an den ein- bis zweitägigen Kurztouren, an denen bis 1939 fast 38 Millionen Menschen teilnahmen. Eine Sensation waren die günstigen KdF-Schiffsreisen. Obgleich öffentlichkeitswirksam, machten sie aber nur einen geringen Teil der KdF-Fahrten aus. Die weitaus meisten Reisen fanden mit der Eisenbahn statt, ein kleinerer Teil auch mit Omnibussen. Hauptziele waren dabei

4

5

6

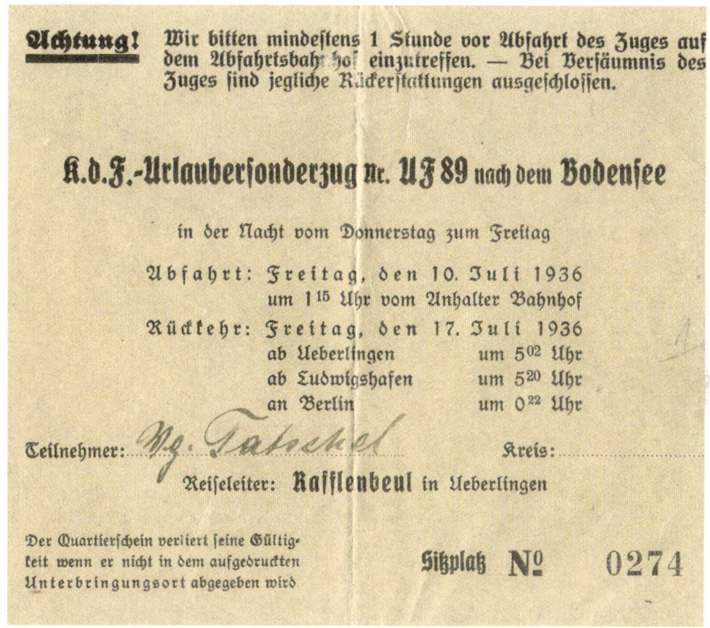

Achtung! Wir bitten mindestens 1 Stunde vor Abfahrt des Zuges auf dem Abfahrtsbahnhof einzutreffen. — Bei Versäumnis des Zuges sind jegliche Rückerstattungen ausgeschlossen.

K.d.F.-Urlaubersonderzug Nr. UF 89 nach dem Bodensee

in der Nacht vom Donnerstag zum Freitag

Abfahrt: Freitag, den 10. Juli 1936
um 1^{15} Uhr vom Anhalter Bahnhof

Rückkehr: Freitag, den 17. Juli 1936
ab Ueberlingen um 5^{02} Uhr
ab Ludwigshafen um 5^{20} Uhr
an Berlin um 0^{22} Uhr

Teilnehmer: .... Kreis: ....

Reiseleiter: **Rafflenbeul** in Ueberlingen

Der Quartierschein verliert seine Gültigkeit wenn er nicht in dem aufgedruckten Unterbringungsort abgegeben wird

Sitzplatz No 0274

7

402

8

9

5+6) KdF-Prospekte mit dem jährlichen Reiseprogramm 1937/1939

7) Teilnehmer-Schein für eine KdF-Reise mit der Eisenbahn 1936

8+9) Anstecknadeln für Teilnehmer der KdF-Fahrten

402

1

1) „Werkscharen“ am Nürnberger Rangierbahnhof auf dem Weg zum Parteitagsgelände
1936

2) Die ausländischen Diplomaten waren während der Reichsparteitage in Mitropa-Wagen untergebracht.
1936

3) „Politische Leiter“ beim Verlassen des Nürnberger Hauptbahnhofs
1936

4) Ankunft eines Parteitagssonderzuges am Nürnberger Rangierbahnhof
1936

5) Aufmarsch von SA und SS im Luitpoldhain vor Adolf Hitler
1935

die Urlaubsgebiete an Nord- und Ostsee, am Rhein und in Oberbayern.

Bei der Durchführung der KdF-Fahrten wurde die Reichsbahn gezwungen, Niedrigstpreise anzubieten. Generell gewährte sie einen Nachlass von 75 Prozent auf alle KdF-Sonderzüge. Diese Preise deckten gerade die Selbstkosten des Unternehmens oder lagen in einigen Fällen noch darunter. Die ersten KdF-Urlauber beförderte die Reichsbahn sogar kostenlos: „Mit Rücksicht auf den besonders propagandistischen Zweck“ verzichtete sie bei den Sonderzügen im Februar 1934 auf die Bezahlung. Da die KdF zugleich das Unterkunftsgewerbe zu Dumpingpreisen drängte, konnte die Organisation Reisen anbieten, die konkurrenzlos billig waren. Die günstigen KdF-Reisen sollten vor allem die Arbeiterschaft für den Nationalsozialismus einnehmen.

Politischen Zwecken dienten auch die zahlreichen Großveranstaltungen, die von den Nationalsozialisten organisiert wurden. Zu den jährlich wiederkehrenden nationalsozialistischen Feiern mit enormen Teilnehmerzahlen gehörten die Erntedankfeste auf dem Bückeberg bei Hameln, die Reichsparteitage in Nürnberg sowie die Feiern zum 1. Mai. Hinzu kamen besondere Großveranstaltungen wie die Olympischen Spiele 1936. All diese Veranstaltungen wären ohne die logistischen Leistungen der Reichsbahn nicht durchführbar gewesen. Zu den Olympischen Winterspielen in Garmisch-Partenkirchen beförderte sie über 500.000 Besucher. Bei den Reichsparteitagen in Nürnberg zählte die Bahn zwischen knapp 500.000 (1933) und 1,3 Millionen (1938) Fahrgästen.

Gerade an den Massentransporten zu den Reichsparteitagen lässt sich der organisatorische Aufwand, den die Reichsbahn bei den Großveranstaltungen betreiben musste, gut nachvollziehen. Die Parteitagsbesucher kamen sowohl in Sonderzügen als auch in fahrplanmäßigen Zügen. In den Sonderzügen fuhren die Angehörigen der einzelnen Parteigliederungen, die wie die KdF-Urlauber eine Ermäßigung von 75 Prozent erhielten. Die einfachen Zuschauer nutzten die planmäßigen Züge. Beim letzten Reichsparteitag 1938 zählte die Reichsbahn in ihren Planzügen über 700.000 Parteitagsbesucher als Fahrgäste.

Die Nürnberger Bahnhöfe waren während der Parteitage stark belastet. Die in der Nähe des Parteitagsgeländes gelegenen Bahnhöfe Nürnberg-Dutzendteich und Nürnberg-Fischbach wurden

2

3

4

5

402

402 daher umgebaut, um die großen Menschenmassen aufnehmen zu können. Geplant war zudem der Bau eines riesenhaften Bahnhofs am Märzfeld, um die Besucher direkt an das Parteitagsgelände heranführen zu können. Der Bau blieb jedoch unvollendet.

Bei der An- und Abfahrt herrschte an den Bahnsteigen dichtes Gedränge. Insbesondere beim Abtransport der Besucher, wenn innerhalb weniger Stunden große Menschenmassen die Stadt verließen, ergaben sich im Nürnberger Hauptbahnhof teilweise Abfertigungsintervalle von nur 80 Sekunden. Zwischen An- und Abtransport standen die Sonderzüge auf Abstellplätzen. Diese Plätze lagen in einem Umkreis von bis zu 400 Kilometern um Nürnberg herum. Beim Reichsparteitag 1937 etwa reichten sie bis nach Dresden.

Die starke Beanspruchung der Reichsbahn während der Reichsparteitage hatte durchaus Auswirkungen auf den übrigen Verkehr, die sich jedoch in Grenzen hielten. So wurde 1936 in der Presse darauf hingewiesen, dass es im Güterverkehr zu Verzögerungen kommen könnte. 1937 erreichte die Reichsbahn, dass der Materialtransport zu einigen Großbaustellen in der Umgebung von Nürnberg vorübergehend ruhte. Ansonsten wurde der Güterverkehr während des diesjährigen Parteitags ohne Verspätungen bewältigt.

Die zweifellos großen logistischen Leistungen der Reichsbahn während der Reichsparteitage stießen in der Öffentlichkeit auf viel Lob. Auch die NS-Regierung dürfte mit der Bewältigung der Transportaufgaben zufrieden gewesen sein. Obgleich nicht von vornherein für den Kriegsfall geplant wurde, waren die Transporte zu den Reichsparteitagen für die Reichsbahn dennoch eine nützliche Übung für den späteren Kriegseinsatz.

U. B.

1

1) Ausrüstung der Hitler-Jugend

2) Während des Reichsparteitags 1935 in Würzburg abgestellte Lokomotiven

2

Technik im Dienst der Propaganda

2

Deutsche Reichsbahn
Jahrhundertfeier
01990
Parade
alter und neuester Eisenbahnfahrzeuge
Sonntag, 8. Dezember 1935 Nürnberg Rangierbahnhof
Südlich der Werkanlagen MAN und TRAFO
— Die Plätze müssen bis spätestens 13³⁰ Uhr eingenommen sein —
Tribünen-Stehplatz
links
Der Eintrittspreis von 20 Rpf
fließt in voller Höhe d. WHW zu

1

Am 7. Dezember 1935 jährte sich zum hundertsten Mal die erste deutsche Eisenbahnfahrt mit Dampfkraft von Nürnberg nach Fürth. Die zahlreichen Veranstaltungen zur Erinnerung an das historische Ereignis demonstrierten die Leistungsfähigkeit und Modernität der Deutschen Reichsbahn. Zugleich machte die nationalsozialistische Propaganda bei diesem Anlass deutlich, dass die Eisenbahn ganz im Dienst des NS-Staates und seiner Ideologie stand.

Im Mittelpunkt der Jubiläumsfeierlichkeiten stand eine Reichsbahn-Ausstellung, die am 14. Juli auf dem Gelände der Güterabfertigungshalle beim Rangier-

3

4

5

1) Die nachgebaute „Adler"-Lokomotive neben einer Einheitslok bei der Fahrzeugparade 1935

2) Eintrittskarte zur Fahrzeugparade 1935

3) Dorpmüller meldet dem „Führer": „Zur Fahrzeugparade alles bereit". 1935

4) „Kraft-durch-Freude"-Zug bei der Fahrzeugparade 1935

5) Der fränkische Gauleiter Julius Streicher auf der „Adler"-Lokomotive 1935

403

1

2

3

1-3) Souvenirs zum Eisenbahnjubiläum 1935

bahnhof Nürnberg eröffnet wurde. In zwölf Räumen zeigte die Ausstellung die neuesten eisenbahntechnischen und betrieblichen Entwicklungen. Die Darstellung war allerdings von politischen Inhalten durchsetzt: Im Eingangsbereich etwa wurde der im Ersten Weltkrieg gefallenen Eisenbahner gedacht. Am Ende der Ausstellung traf der Besucher auf eine Auflistung der Leistungen der Reichsbahn „im neuen Staat". Neben der Ausstellung waren auf dem Gelände der Güterabfertigungshalle rund 50 Fahrzeuge zu sehen, darunter der „Fliegende Hamburger", die E 18 02, die Stromliniendampflokomotiven 61 001 und 05 001 sowie mehrere Straßenfahrzeuge der Reichsbahn.

Die meisten dieser Fahrzeuge nahmen am 8. Dezember 1935 auch an der Fahrzeugparade teil, die den Höhepunkt der technischen Leistungsschau anlässlich des Eisenbahnjubiläums bildete. Da der „Führer" sein Erscheinen zur Fahrzeugparade angekündigt hatte, nahmen Reichskanzlei, Partei und Propagandaministerium unmittelbar Einfluss auf die Organisation der Veranstaltung.

Hitler traf am 8. Dezember mit einem Sonderzug in Nürnberg ein. Am Bahnhof schritt er zunächst gemeinsam mit dem Generaldirektor der Reichsbahn, Julius Dorpmüller, eine Ehrenformation des Bahnschutzes ab und begab sich dann zum Festakt in den Saal des Industrie- und Kulturvereins Nürnberg. Am Nachmittag fuhr Hitler gemeinsam mit anderen führenden Vertretern des NS-Regimes zur Fahrzeugparade auf dem Gelände des Rangierbahnhofs Nürnberg. Der Ablauf und der äußere Rahmen der Veranstaltung waren deutlich geprägt von nationalsozialistischer Symbolik: Die Haupttribüne, auf der die fast 30.000 Zuschauer Platz fanden, war wie bei anderen nationalsozialistischen Großveranstaltungen mit einer langen Reihe von Hakenkreuzfahnen beflaggt. Pünktlich um 14 Uhr meldete Dorpmüller mit „deutschem Gruß" dem „Führer": „Zur Fahrzeugparade alles bereit". Daraufhin donnerten zehn Einheitsschnellzuglokomotiven an den Zuschauern vorbei. Ihnen folgten rund 90 weitere Fahrzeuge, darunter viele der in der Ausstellung gezeigten Fahrzeuge sowie die eigens für das Jubiläum gebaute Nachbildung der „Adler"-Lokomotive, die 1835 von Nürnberg nach Fürth gefahren war. Auch ein „Kraft-durch-Freude"-Zug mit Hakenkreuzfähnchen schwenkenden Fahrgästen fuhr an der Tribüne vorbei. In einem Film der Reichsbahnfilmstelle rühmte der Kommentator später diese Szene als Zeichen dafür, dass sich die Reichsbahn „in den Dienst des nationalsozialistischen Staates" stelle.

Den Einfluss der Nationalsozialisten verriet auch das Rahmenprogramm zur Fahrzeugparade: Auf öffentlichen Plätzen sammelten Eisenbahner zum „Tag der nationalen Solidarität" für das Winterhilfswerk. Bei einem Kameradschaftsabend trafen mehrere tausend Eisenbahner mit Veteranen des Ersten Weltkriegs zusammen. Am Mittag vor der Fahrzeug-

4

5

6

4) Reichsbahn-Werbeplakat zur Jubiläumsausstellung
Begleitend zur Ausstellung gab die Reichsbahn
auch eine Festschrift heraus
1935

5+6) Blick in die Ausstellungsräume
in der Güterabfertigungshalle
1935

1

sicher schnell bequem

2

3

4

8

parade kamen Ehrengäste und Eisenbahner zum symbolischen Eintopfessen in den Wartesaal des Hauptbahnhofs. Und am 9. Dezember waren Vertreter ausländischer Eisenbahnen dazu eingeladen, die unter der Federführung der Reichsbahn gebauten Reichsautobahnen zu besichtigen. Am Abend wurden sie mit Vertretern der Wehrmacht, der Partei, der Wissenschaft und der Wirtschaft in der Berliner Kroll-Oper empfangen.

Die Nationalsozialisten nutzten den Glanz des Eisenbahnjubiläums zur öffentlichen Selbstdarstellung. Die technischen Leistungen der Reichsbahn wurden bei diesem Anlass als Leistungen des neuen Regimes präsentiert. Dabei hatte die „Machtergreifung“ der Nationalsozialisten auf die eisenbahntechnische Entwicklung selbst keinen unmittelbaren Einfluss. Die in der Weimarer Republik begonnene Modernisierung wurde auch nach 1933 fortgesetzt. Der ab 1930 entwickelte Fliegende Hamburger wurde zum Fahrplanwechsel im Sommer 1933 in den Schnellverkehr auf der Strecke Hamburg-Berlin aufgenommen. Der Triebzug mit Dieselantrieb erreichte erstmals planmäßig Höchstgeschwindigkeiten von 160 km/h. In den folgenden Jahren wurden weitere Fliegende Züge gebaut und in ein Netz von Städteschnellverbindungen eingebunden.

Die Steigerung der Geschwindigkeit stand auch bei der Weiterentwicklung der Dampflokomotiven im Vordergrund. Herausragend war die Entwicklung der Stromliniendampflokomotiven der Baureihen 61 und 05. Bereits zur Jahrhundertwende hatte es erste Versuche zur Entwicklung einer Stromlinienform gegeben. In der Folgezeit brach geradezu ein „Stromlinien-Fieber“ aus, das nicht nur die Eisenbahn-Konstrukteure erfasste, sondern auch im Auto- und Flugzeugbau grassierte. Die Stromliniendampflokomo-

5

6

7

tiven der Baureihen 61 und 05 waren das Ergebnis jahrelanger Forschung. Welche Geschwindigkeiten sich damit erzielen ließen, zeigte die Rekordfahrt der Lok 05 002. Sie erreichte bei einer Sonderfahrt von mehreren Reichsbahnfahrzeugen am 11. Mai 1936 200,4 km/h. Dies bedeutete damals Weltrekord für Dampflokomotiven. Langfristig erwiesen sich die Stromliniendampflokomotiven allerdings als technische Sackgasse. Die Wartung der Fahrzeuge war relativ aufwendig. Zudem ließen sich mit den dieselelektrischen Schnelltriebwagen mühelos höhere Geschwindigkeiten erzielen. Dies zeigte sich schon bei der erwähnten Sonderfahrt, bei der auch zwei Schnelltriebwagen mitfuhren. Im Übrigen hatte diese Fahrt in erster Linie politischen Charakter. Sie gab den Nationalsozialisten erneut Gelegenheit, die Leistungen der Reichsbahn als nationalen

9

1) Aufgrund der starken Nachfrage benötigten Reisende eine Zulassungskarte bzw. Platzreservierung für die Schnelltriebwagen.
1935

2) Der Fliegende Hamburger im Hauptbahnhof Hamburg
1933

3) Die 05 001 vor ihrer Verkleidung
1935

4) Die im März 1935 fertiggestellte erste Lokomotive der Baureihe 05

5) Die Lokomotive 61 002 beim Verlassen des Henschel-Werks in Kassel
1939

6) Die ebenfalls in Stromlinienform gebaute Lokomotive 1 der Lübeck-Büchener-Eisenbahn
1937

7) Die E 18 02 während der Fahrzeugparade
1935

8) Das Fahrschaubild zeigte dem Lokführer die zulässige Höchstgeschwindigkeit auf den einzelnen Streckenabschnitten.
1935

9) Der Fliegende Hamburger auf der Rückseite eines Handspiegels
1935

403 Triumph zu feiern. An der Sonderfahrt nahmen denn auch zahlreiche Vertreter der NSDAP, des Staates und der Wehrmacht teil, darunter auch der „Reichsführer-SS und Chef der deutschen Polizei“ Heinrich Himmler.

Parallel zu den dieselelektrischen Schnelltriebwagen und den Stromliniendampflokomotiven wurden in den 1930er Jahren neue leistungsstarke Elektrolokomotiven entwickelt. 1935 wurde die Baureihe E 18 in Dienst gestellt, 1939 folgte die Reihe E 19. Die Elektrifizierung des Streckennetzes schritt demgegenüber nur langsam voran. Während führende Eisenbahner im elektrischen Zugbetrieb die Zukunft des Eisenbahnwesens sahen, ließ der Mangel an Kapital den aufwendigen Umbau des Streckennetzes nur in kleinen Schritten zu. Hier machte sich schließlich doch die nationalsozialistische Reichsbahnpolitik bemerkbar: Durch die zahlreichen neuen Aufgaben und politisch motivierte Tarifermäßigungen gingen die Gewinne der Reichsbahn deutlich zurück.

U.B.

1

2

Henschel-Wegmann-Dampfschnellzug	Berlin-Charlottenburg	ab	8,26
	Spandau Hbf	durch	8,33
	Wustermark	„	8,43
	Rathenow	„	8,59
	Hämerten	„	9,09
	Stendal	an	9,14
Dreiteiliger dieselelektrischer Schnelltriebwagen	Stendal	ab	9,35
	Gardelegen	durch	9,49
	Öbisfelde	„	10,01
	Isenbüttel-Gifhorn	„	10,13
	Lehrte	„	10,29
	Hannover Hbf	„	10,42
Doble-Dampftriebwagen	Hannover Hbf	ab	11,00
	Wunstorf	durch	11,17
	Nienburg	„	11,38
	Langwedel	„	12,05
	Bremen Hbf	an	12,25
Dreiteiliger dieselhydraulischer Schnelltriebwagen	Bremen Hbf	ab	12,33
	Rotenburg	durch	12,54
	Buchholz	„	13,12
	Harburg-Wilhelmsburg	„	13,22
	Hamburg Hbf	an	13,34
Borsig-Stromlinien-Schnellzuglokomotive	Hamburg Hbf	ab	15,27
	Büchen	durch	15,57
	Hagenow Land	„	16,18
	Ludwigslust	„	16,28
	Wittenberge	„	16,47
	Neustadt	„	17,10
	Nauen	„	17,25
	Spandau Hbf	„	17,37
	Berlin Lehrter Bf	an	17,47

Fahrplan

und

Streckenbild

zur Sonderfahrt mit den neuen Schnellfahrzeugen der Deutschen Reichsbahn

Berlin – Stendal – Hannover – Bremen – Hamburg – Berlin

11. Mai 1936

1) Sektfeier nach der Rekordfahrt der 05 002 (in der Mitte Julius Dorpmüller, rechts am Bildrand Heinrich Himmler)
1936

2) Für die Sonderfahrt ließ die Reichsbahn eigens einen Fahrplan drucken.

Die Reichsbahn als „sozialistischer Musterbetrieb“

Am Vormittag des 8. Dezember 1935 fand im Saal des Industrie- und Kulturvereins Nürnberg ein Festakt zum hundertjährigen Eisenbahnjubiläum statt, an dem neben zahlreichen Vertretern der Reichsbahn und Repräsentanten ausländischer Eisenbahnen auch Adolf Hitler teilnahm. Im offiziellen Programm war Hitler als Redner nicht vorgesehen. Gegen Ende der Veranstaltung trat er jedoch unerwartet ans Rednerpult und hielt eine etwa halbstündige Ansprache, die in sachlichem und nüchternem Duktus die Stellung der Eisenbahn und der Eisenbahner im nationalsozialistischen Staat umriss.

In seinen einleitenden Worten hob Hitler hervor, dass im Vergleich zu dem „individuellen Transportmittel“ Kraftwagen und dem „schnelleren Transportmittel“ Flugzeug die Eisenbahn „das unbedingt sichere Massentransportmittel“ sei, ohne das „das heutige Leben“ nicht vorstellbar sei. Diese Feststellung ist nicht nur als Hinweis auf allgemeine Entwicklungen im Verkehrswesen zu verstehen. Sie bezog sich auch auf die besondere Rolle des Massenverkehrs im NS-Staat: Ein wesentlicher Bestandteil dieses Staates waren die zahlreichen Großveranstaltungen, deren Organisation ohne die Eisenbahn gar nicht vorstellbar gewesen wäre.

Im Zentrum von Hitlers Rede stand jedoch die Erklärung, dass die Reichsbahn aus Sicht der Nationalsozialisten „das erste ganz große sozialistische Unternehmen“ sei. In der Begründung für diese Erklärung verzichtete Hitler, offenbar aus Rücksicht auf das internationale Publikum, auf eine explizit nationalsozialistische Rethorik. Dennoch definierte er deutlich die Rolle der Reichsbahn im NS-Staat: Danach hatte die Eisenbahn im Friedens- wie im Kriegsfall ausschließlich dem Staat zu dienen und die Eisenbahner hatten demgemäß ihre Pflicht zu erfüllen, unabhängig von wirtschaftlichen und persönlichen „Einzelinteressen“.

Den Begriff „sozialistisch“ umschrieb Hitler zunächst dahingehend, dass die Reichsbahn eher nach dem „Gesichtspunkt der Vertretung der Gesamtinteressen“ handle als nach den „Gesichtspunkten der Vertretung kapitalistischer Einzelinteressen“. So baue die Reichsbahn ihre Linien dort, wo das „Bedürfnis nach einer Verbindung“ bestehe, selbst wenn diese nicht rentabel sei. Zwischen rentablen und unrentablen Linien werde bei der Reichsbahn ein Ausgleich geschaffen. Hitler suggerierte damit ein harmonisches Nebeneinander von betriebswirtschaftlichem Denken und der Ausrichtung der Reichsbahn auf das „Interesse der Allgemeinheit“. Letzteres hielt Hitler nicht nur in wirtschaftlicher Hinsicht für „unendlich wichtig“, sondern auch „für die Sicherung des Reiches für den Kriegsfall“. „Besonders im Falle der notwendigen Verteidigung des Reiches“ sei eine Eisenbahn nicht zu „gebrauchen, die ihre Linien nur nach Rentabilitätsgesichtspunkten gebaut hat“. Unter diesem Blickwinkel hielt Hitler die Reichsbahn, die auch unrentable Linien baue, für genügend vorbereitet auf den Kriegsfall.

Die Kritik am reinen Gewinnstreben setzte sich auch im weiteren Verlauf der Rede fort. So führte Hitler aus, dass die Reichsbahn „der lebendige Beweis“ dafür sei, „dass man sehr wohl ein Gemeinschaftsunternehmen führen könne ohne privatkapitalistische Tendenz und ohne privatkapitalistische Führung“. Bei der Reichsbahn werde die Gemeinschaftsleistung im Wesentlichen erreicht durch „Pflichtbewusstsein und Dienstfreudigkeit“, durch Grundsätze, die auch in der Verwaltung, in der Beamtenschaft und in der Armee gelten. Gerade diese Seite des Unternehmens werde von den Nationalsozialisten besonders begrüßt. Denn sie kämpften „für einen Staat, der aufgebaut sein soll auf dem Gedanken, dass Gemeinnutz vor Eigennutz stehen soll“ und dass die Leistungen des Einzelnen „der Gesamtheit zu dienen“ haben. Die Eisenbahner und die Reichsbahn schienen ihrer Verpflichtung, dem Staat zu dienen, in den Augen Hitlers vollkommen gerecht zu werden.

U.B.

1

2

Berliner Ausgabe

VÖLKISCHER BEO[...]HTE

Montag-Ausgabe 15 Pf.

Kampfblatt der national-sozialistischen Bewegung Großdeutschlands

Adolf Hitler in Nürnberg

Die sozialistische Leistung der Deutschen Reichsbahn

Hertha BSC Herbstmeister – Besprechungen Hoare–Laval

Adolf Hitler bei den Nürnberger Feierlichkeiten

Hundert Jahre deutsche Eisen[...]

Die Besprechungen Hoares und Lavals

Politik der engen Zusammenarbeit

1) Adolf Hitler während seiner Ansprache im Saal des Industrie- und Kulturvereins Nürnberg 1935

2) Der nationalsozialistische „Völkische Beobachter“ berichtete auf der Titelseite über die Rede Hitlers. 1935

„Dem Reiche wir dienen auf Straßen und Schienen“

404 Mit der Einbindung der Reichsbahn in die nationalsozialistische Wirtschafts- und Sozialpolitik wurden dem Unternehmen in wachsendem Maße Aufgaben zugewiesen, die seinen betriebswirtschaftlichen Zielsetzungen zuwiderliefen. Finanziell besonders belastend waren die umfangreichen staatlichen Arbeitsbeschaffungsmaßnahmen, an denen sich die Reichsbahn beteiligen musste.

Bereits wenige Wochen nach der Machtübernahme beauftragte Hitler die Reichsbahn mit dem sofortigen Bau eines Autobahnnetzes. Hierzu wurde das „Unternehmen Reichsautobahnen“ gegründet, das als Tochterunternehmen der Deutschen Reichsbahn auf das organisatorische und personelle Potenzial eines eingespielten Verwaltungsapparates zurückgreifen konnte. Federführend war jedoch kein Reichsbahner, sondern der Nationalsozialist Fritz Todt, der als „Generalinspektor des deutschen Straßenwesens“ unmittelbar Hitler unterstand und somit nahezu unabhängig von der Reichsbahnführung agieren konnte. Zur finanziellen Absicherung des neuen Tochterunternehmens hatte die Reichsbahn ein Grundkapital von 50 Millionen Reichsmark zu stellen. An der Spitze der

1) Reichsbahn-Generaldirektor Dorpmüller überreicht Hitler einen Spaten zur Eröffnung der Bauarbeiten an der Reichsautobahn 23.9.1933

1

verschiedenen Bauleitungen, die für die einzelnen Streckenabschnitte zuständig waren, standen hohe Reichsbahnbeamte. Aus dem Eisenbahnbetrieb abkommandierte Ingenieure planten unter anderem Trassen und Brücken. Im Rahmen des Arbeitsbeschaffungsprogramms begannen Tausende von ehemaligen Arbeitslosen mit den Rodungen und Erdarbeiten. Die anfallenden Baustofftransporte waren als Bahn-Dienstgut zu deklarieren und wurden von der Reichsbahn somit kostenlos transportiert. Die zunächst von der Regierung in Aussicht gestellte Erhebung von Autobahngebühren wurde auf unbestimmte Zeit verschoben.

Die Autobahn war jedoch keine Erfindung der Nationalsozialisten. Überlegungen zu einer Kraftverkehr-Schnellstraße mit Überholspur und getrenntem

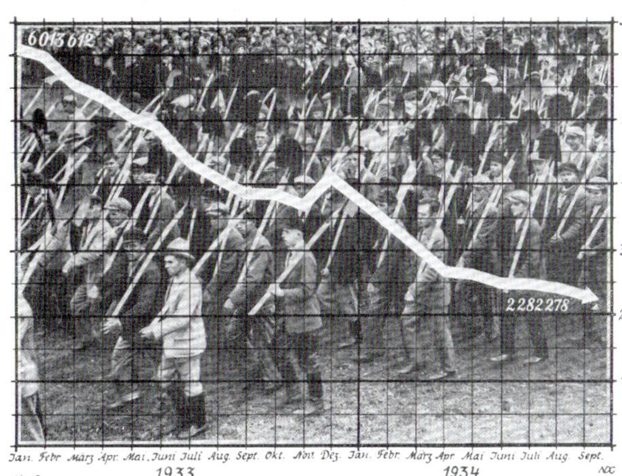

2) Pressebild zu Hitlers erstem Spatenstich
23.9.1933

3) Gedenkpostkarte zum 1000. fertiggestellten Autobahnkilometer
1936

4) Plakat zur Volksabstimmung am 12. November 1933
1933

5) Schaubild: sinkende Arbeitslosenkurve mit Autobahnarbeitern
1934

6) Auftragen der Betondecke auf dem Autobahn-Teilabschnitt zwischen Rosenheim und Traunstein
1936

1

2

3

1) Postkarte aus der Serie „Die Straßen Adolf Hitlers", 1936

2+3) Illustrationen aus dem Bildband „Das Erlebnis der Reichsautobahnen", 1943

Richtungsverlauf gab es schon in der Weimarer Republik. Zwischen Köln und Bonn waren sie bereits umgesetzt worden. Die von einer kleinen Privatgesellschaft bis ins Detail ausgearbeiteten Pläne einer Teilstrecke bei Frankfurt ermöglichten Hitler die rasche Inangriffnahme seines Vorhabens. Schon im Herbst 1933 konnte ihm Reichsbahn-Generaldirektor Dorpmüller symbolträchtig einen Spaten überreichen, mit dem der „Führer" den offiziellen Beginn der Bauarbeiten einläutete.

Hitlers erster Spatenstich wurde von der NS-Propaganda als tatkräftige Maßnahme des „Führers" gegen die Arbeitslosigkeit in Szene gesetzt. Das Foto des Spatenstichs fand sich als Motiv auf Wahlplakaten und Gedenkpostkarten wieder; Aufnahmen von mit Spaten bewaffneten Arbeitern zierten Tabellen mit sinkenden Arbeitslosenkurven.

Zeitgenössische Darstellungen verklärten die Autobahnen angesichts der Größe und zukunftsweisenden Perspektive des Projekts zu den „Straßen des Führers". Die Trassen waren zum Teil bewusst so geplant worden, dass sie dem Reisenden Panorama-Blicke auf die Landschaft ermöglichten.

Dies alles prägte den Mythos „Reichsautobahn", der den Zeitgeist der 1930er Jahre beeinflusste. Die öffentliche Beschäftigung mit dem Prestigeobjekt des Regimes schlug sich nicht zuletzt in seiner kommerziellen Ausschlachtung nieder. Zahlreiche Bildbände, Postkarten und Bücher erschienen; selbst Gesellschaftsspiele hatten die Reichsautobahn zum Thema. Gemeinsam mit der zeitgleichen Werbung für den „Volkswagen" schuf die solchermaßen entfachte Begeisterung für die Autobahn die mentale Grundlage für die – allerdings noch unerfüllte – Autobegeisterung der Bevölkerung.

Auch im eigentlichen Bahnbetrieb hatte die Reichsbahn ihren Beitrag zu den staatlichen Arbeitsbeschaffungsmaßnahmen zu leisten. So erhöhte sie die Zahl ihrer Mitarbeiter von 593.433 im Jahr 1933 auf 630.905 im Jahr darauf. Bis 1937 stieg deren Anzahl auf 703.546. Zudem richtete die Reichsbahn besondere Hilfsprogramme für den Winter ein: Die im Jahr 1933 zur Unterhaltung des Oberbaus eingestellten rund 62.000 Saisonarbeiter mussten auch über den Winter weiterbeschäftigt werden.

Zur Senkung der Arbeitslosigkeit in Handwerk und mittelständischer Industrie vergab die Reichsbahn 1933/34 Aufträge mit einem Volumen von 1,06 Milliarden Reichsmark. Die Vergabe an einzelne Firmen richtete sich zudem nicht nach den günstigsten Angeboten, sondern musste Hersteller in den Grenz- und Notstandsgebieten des Reiches bevorzugen. Zu den bestellten Leistungen gehörten die Polsterung der Holzbänke in der 3. Klasse und die Wiederaufnahme von Bauvorhaben wie der Berliner Nord-Süd S-Bahn.

Zu Lasten der Wirtschaftlichkeit gingen ferner die zahlreichen Fahrpreisermäßigungen, die das Unternehmen

4

4) Brettspiel zum Thema „Reichsautobahn" 1938

5) Blechspielzeug „Die Reichsautobahn" für Kinder Um 1935

5

1

404

2

1) Spendenkarte für das „Winterhilfswerk“ 1942

2) Sammlung von Geldspenden für das „Winterhilfswerk“ durch Reichsbahner 1939

3) Modell eines „Culemeyer“-Straßenfahrzeugs mit Kesselwagen Maßstab 1:10

großen Bevölkerungsgruppen zukommen lassen musste. Die teilweise schon während der Weltwirtschaftskrise gewährten Nachlässe wurden beibehalten. Neue politisch geforderte Vergünstigungen traten hinzu. Besonders hohe Ermäßigungen galten für die Transporte der einzelnen Parteigliederungen wie der SA und der SS und für Fahrten zu Reichsparteitagen. Der Fahrpreis betrug hier lediglich noch 25 Prozent des normalen Beförderungstarifes. Völlig unentgeltlich wurden die gesammelten Spendengüter des „Winterhilfswerks“ transportiert, für das die Bahn zudem – gegen Ausgabe von besonderen Spendenkarten – Geldspenden in Empfang nahm.

Die Reichsbahn wurde somit zum Instrument staatlicher Sozialpolitik, die dem neuen Regime allgemeine Zustimmung sichern sollte. Trotz steigender Verkehrs- und Betriebsleistungen sanken die Einnahmen aufgrund der hohen, politisch vorgegebenen Ausgaben. Die fehlenden Einnahmen im Personenverkehr konnten auch durch den Güterverkehr nicht mehr aufgefangen werden. Auch hier führten zahlreiche Ausnahmetarife für Massengüter zu immensen Einnahmeausfällen.

Das nach Kilometern gestaffelte Tarifsystem der Reichsbahn, das Gütertransporte auf kurze Distanzen zugunsten weiter entfernter Ziele verteuerte, stärkte indes die lokalen Kraftwagenspediteure. Ähnliches galt für den lukrativen Stückgutverkehr; auch er ging zunehmend an den Kraftverkehr verloren, da die Reichsbahn gezwungen war, wegen der niedrig zu haltenden Massengütertarife, höhere Frachtpreise zu verlangen.

Die Bahn reagierte auf die politisch geförderte Konkurrenz der Straße mit neuen Angeboten und technischen Innovationen. Unter dem Slogan „Die Reichsbahn motorisiert“ vervierfachte sie ihren Kraftwagen-Bestand zwischen 1933 und 1935 auf ca. 2.000 Lkw. Neben der verstärkten Einrichtung von Kraftwagenlinien wurde auch der Von-Haus-zu-Haus-Verkehr weiter ausgebaut. Darüber hinaus verbesserten die neuen Culemeyer-Straßenfahrzeuge, mit denen Eisenbahnwagen über die Straße befördert werden konnten, fortan die Anbindung von Kunden ohne Anschlussgleis. Selbst im Personentransport ging die Reichsbahn auf die Straße. Auf ihren eigenen Linien setzte sie stromlinienförmige Omnibusse ein, die – im Nachhinein eine Ironie der Unternehmensgeschichte – als besondere Attraktion Fahrten über die neuen Reichsautobahnen ermöglichten.

Die Deutsche Reichsbahn und ihre Mitarbeiter versuchten der doppelten Herausforderung durch die gemeinwirtschaftlichen Aufgaben im Dienst des Regimes und die Konkurrenz der Straße gerecht zu werden. Nicht ohne Stolz verkündete ein häufig verwendetes Motto, in dem sich auch das Selbstverständnis des Unternehmens widerspiegelte: „Dem Reiche wir dienen auf Straßen und Schienen“.

A. E.

3

5

4

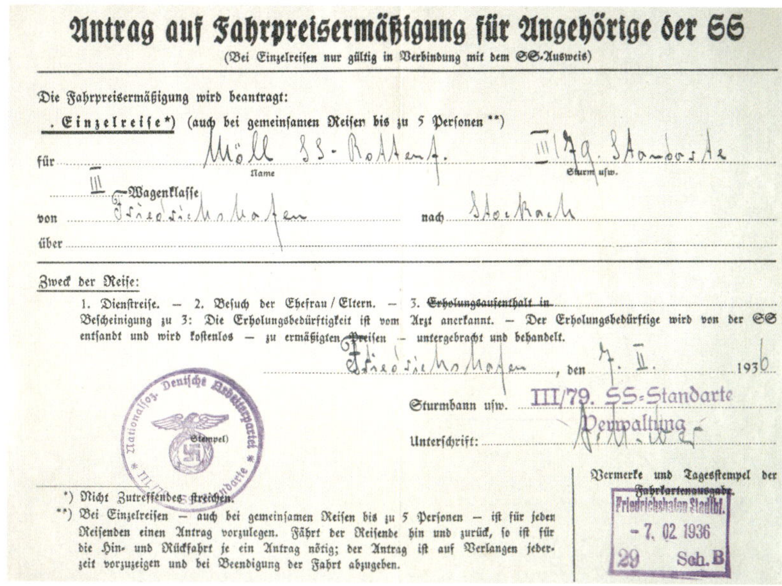

Antrag auf Fahrpreisermäßigung für Angehörige der SS

(Bei Einzelreisen nur gültig in Verbindung mit dem SS-Ausweis)

Die Fahrpreisermäßigung wird beantragt:

. Einzelreise*) (auch bei gemeinsamen Reisen bis zu 5 Personen **)

für .... Name .... Sturm usw.

III Wagenklasse

von .... nach ....

über ....

Zweck der Reise:

1. Dienstreise. – 2. Besuch der Ehefrau / Eltern. – 3. ~~Erholungsaufenthalt in~~ ....
Bescheinigung zu 3: Die Erholungsbedürftigkeit ist vom Arzt anerkannt. – Der Erholungsbedürftige wird von der SS entsandt und wird kostenlos – zu ermäßigten Preisen – untergebracht und behandelt.

........, den 1936

(Stempel)

Sturmbann usw. III/79. SS-Standarte Verwaltung

Unterschrift: ....

*) Nicht Zutreffendes streichen.

**) Bei Einzelreisen – auch bei gemeinsamen Reisen bis zu 5 Personen – ist für jeden Reisenden einen Antrag vorzulegen. Fährt der Reisende hin und zurück, so ist für die Hin- und Rückfahrt je ein Antrag nötig; der Antrag ist auf Verlangen jederzeit vorzuzeigen und bei Beendigung der Fahrt abzugeben.

Vermerke und Tagesstempel der Fahrkartenausgabe.

Friedrichshafen Stadtbf.
-7. 02. 1936
29 Sch. B

6

7

4) Haltestellenschild einer von der Reichsbahn betriebenen Omnibuslinie
Nach 1935

5) Reichsbahn-Omnibus auf der Autobahn Nürnberg-München
1939

6) Antrag auf Fahrpreisermäßigung für Angehörige der SS
1936

7) Straßenfahrzeug mit Reichsbahn-Motto auf der Ausstellung „100 Jahre deutsche Eisenbahnen“ in Nürnberg
1935

Herrscherkult und Herrschaftswahn

405

1

2

3

Der Glanz und die Größe des „Dritten Reiches" sollten sich auch im Eisenbahnwesen widerspiegeln. Salonwagen und Bahnhöfe boten daher wiederholt den feierlichen Rahmen für die Inszenierung des nationalsozialistischen Personenkultes um den „Führer". Wie schon in der Weimarer Republik standen dem Reichskanzler für Fahrten mit der Eisenbahn repräsentative Salonwagen zur Verfügung. Im Jahr 1935 erließ die Reichsbahn zudem eine Verfügung, nach der bei „Reisen des Führers (...) aus besonderen Rücksichten ehrerbietiger Aufmerksamkeit Fahrgeld nicht erhoben" werden durfte.

Eine besondere Rolle sollte Hitlers Sonderzug bei dem Staatsbesuch des italienischen Diktators Benito Mussolini im Herbst 1937 spielen. Ein neuer, luxuriöser Fuhrpark wurde daher nur wenige Monate zuvor bei der Reichsbahn in Auftrag gegeben. Der neue Regierungszug enthielt neben verschiedenen Speise- und Begleitwagen den Salonwagen „10 206 Bln", den Hitler während der kommenden Kriegsjahre als „rollendes Hauptquartier" nutzte. Auch Hermann Göring erhielt einen neuen Salonwagen, den mit Edelhölzern ausgestatteten „10 205 Bln", dessen installierte Sitzwanne der korpulente Reichsluftfahrtminister bald als zu eng beanstandete.

Während der gemeinsamen „Deutschlandfahrt", auf der Hitler seinem Bündnispartner Mussolini Wehrmachtsmanöver und kriegswichtige Produktionsstätten präsentierte, kam der neue

4

5

6

7

8

9

Regierungszug mit Pathos zum Einsatz. Auf dem Weg zur jeweils nächsten Etappe verabschiedete Hitler seinen Gast am Bahnhof, überholte aber auf der Fahrt den italienischen Sonderzug, um Mussolini schließlich am nächsten Bahnhof erneut willkommen zu heißen.

Auch die Bahnhöfe wurden in das Zeremoniell eingebunden. Vor allem der Münchener Hauptbahnhof, an dem der italienische Staatsgast von Hitler offiziell empfangen wurde, diente als sprichwörtliche Kulisse für die propagandistische Inszenierung des neuen Großmachtdenkens. Die Begegnung der beiden

1) Pressebild von Hitler und Mussolini auf dem Bahnhofsvorplatz in München 1937

2) Salonwagen „10 205 Bln" von Hermann Göring 1937

3) Sitzwanne im Salonwagen von Hermann Göring 1937

4-9) Ausschmückung des Münchener Hauptbahnhofs für den Staatsbesuch von Benito Mussolini 1937

1

2

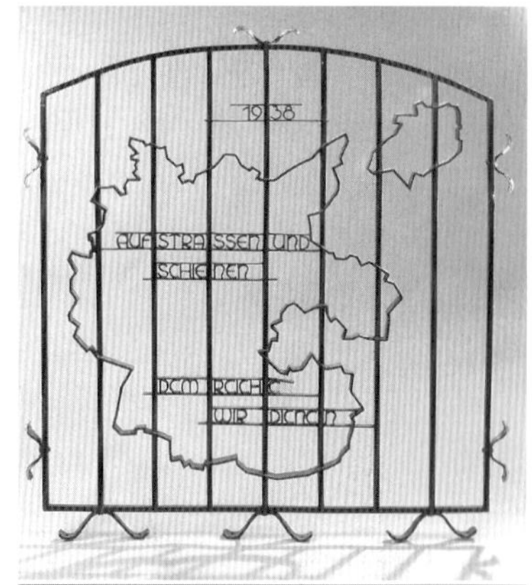

3

4

5

Diktatoren wurde mit theatralischem Pomp in Szene gesetzt: Die Ausschmückung des Bahnhofs mit Stoffen, Flaggen, Büsten und den riesenhaften Herrschaftsinsignien beider Regime sowie ein monströser künstlicher Triumphbogen auf dem Bahnhofsvorplatz mit dem Buchstaben 'M' für Mussolini sollten sowohl dem „Duce“ als auch dem gastgebenden „Führer“ imperiale Würde verleihen. Für künftige Staatsbesuche wurde schließlich in Berlin ein eigener Bahnhof geplant, der zu Ehren des italienischen Diktators „Mussolini-Bahnhof“ genannt werden sollte. Er war Teil der umfassenden Umgestaltungspläne, die

1) Größenvergleich des geplanten Hauptbahnhofs München mit bekannten Bauwerken · 1939

2) Modell-Foto des für die „Hauptstadt der Bewegung“ München geplanten Hauptbahnhofs
Im Jahr 1942 forderte Hitler die Einarbeitung von Breitspur-Gleisen und -Bahnsteigen in die ausgefertigten Planungsunterlagen.
1939

3) Ziergitter mit den Grenzen des „Großdeutschen Reichs“ und Inschrift „Auf Straßen und Schienen dem Reiche wir dienen“ aus dem Kraftwagenbetriebswerk Regensburg
1938

4) Relief „Arbeiter der Stirn und der Faust“ über der Pforte zur Obersten Bauleitung der Reichsautobahn im Gebäude der Reichsbahndirektion Nürnberg
1938

5) Malerei am Eingang der Wartehalle Bahnhof Diessen/Bayern · Um 1937

für die Reichshauptstadt – ebenso wie für Nürnberg, München und andere Städte – riesenhafte Bahnanlagen vorsahen.

Doch auch kleinere Bahnhöfe sollten umgestaltet werden. Auf Geheiß des Propagandaministers Goebbels wurden seit 1934 viele Bahngebäude mit volkstümelnden Wandmalereien ausgeschmückt. Eine ausgiebige Beflaggung bei politischen Anlässen war zudem an der Tagesordnung.

Auch den Arbeitsalltag der Eisenbahner versuchte die Parteipropaganda ideologisch zu durchdringen. Den „Arbeitern der Stirn und der Faust“ gewidmete „Kunstwerke“ in Betriebsgebäuden und Kantinen zielten auf die Wahrung des Betriebsfriedens; zahlreiche Reliefs, Steinplastiken und gusseiserner Zierrat sollten die vermeintliche Übereinstimmung von Volk, Reich und „Führer“ vergegenwärtigen. Die NS-Ideologen versuchten so, die Staatstreue und das Ethos der Eisenbahner für ihre Ziele nutzbar zu machen – die „Gefolgschaft“ sollte auf die expansiven Ziele des Regimes eingestimmt werden.

Darüber hinaus wurde auch das Verkehrssystem selbst zum festen Bestandteil der utopischen Pläne des NS-Regimes: Bereits 1934 äußerte Hitler die Idee zur Entwicklung einer Breitspurbahn, die alle herkömmlichen Bahnsysteme in den Schatten stellen sollte. Mitten im Krieg griff man das Vorhaben erneut auf. Auf Hitlers persönliche Anregung hin arbeitete die Reichsbahn ab 1942 an Plänen zu einer gigantischen Fernschnellbahn

6

7

6+7) Entwürfe für die Inneneinrichtung der Breitspurbahn: Speisewagen und Abteil 1944

1

405 mit drei Metern Spurbreite und einer Geschwindigkeit von bis zu 250 km/h.

Im April 1943 – wenige Wochen nach der Niederlage von Stalingrad – ließ sich Hitler über den Stand der Planungen berichten und befahl, dass mit dem Bau sofort nach Kriegsende begonnen werden müsse. In den Planungsunterlagen der Reichsbahn wurde eingeräumt, nur „ein neues Europa unter Führung eines starken Großdeutschen Reiches (...) mit seinen weiten Entfernungen“ gebe der Breitspurbahn „überhaupt erst die Möglichkeit, ihre Leistungsfähigkeit voll zu entfalten“. Angesichts der enormen Ausmaße, der einwirkenden physikalischen Kräfte und der daraus folgenden Materialbelastung stand eine sinnvolle Nutzung ohnehin in Zweifel. Die Baukosten bezifferte man auf „jährlich mindestens 1,2 Milliarden Reichsmark“.

Die Breitspurbahn wurde eingebunden in die ausgreifenden Herrschaftspläne für den neuen „Lebensraum im Osten“. Das Streckennetz dieser Bahn für die Zeit nach dem „Endsieg“ sollte bis ans Kaspische Meer reichen. Neben den Luxuswagen von 40 Metern Länge hatte man nicht vergessen, einen besonderen Wagentyp mit einfachster Ausstattung für die ins Reich zu schaffenden „Ostarbeiter“ einzuplanen.

A. E.

2

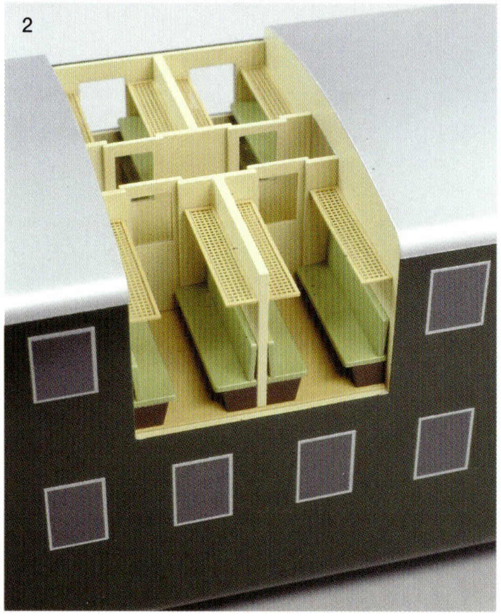

3

4

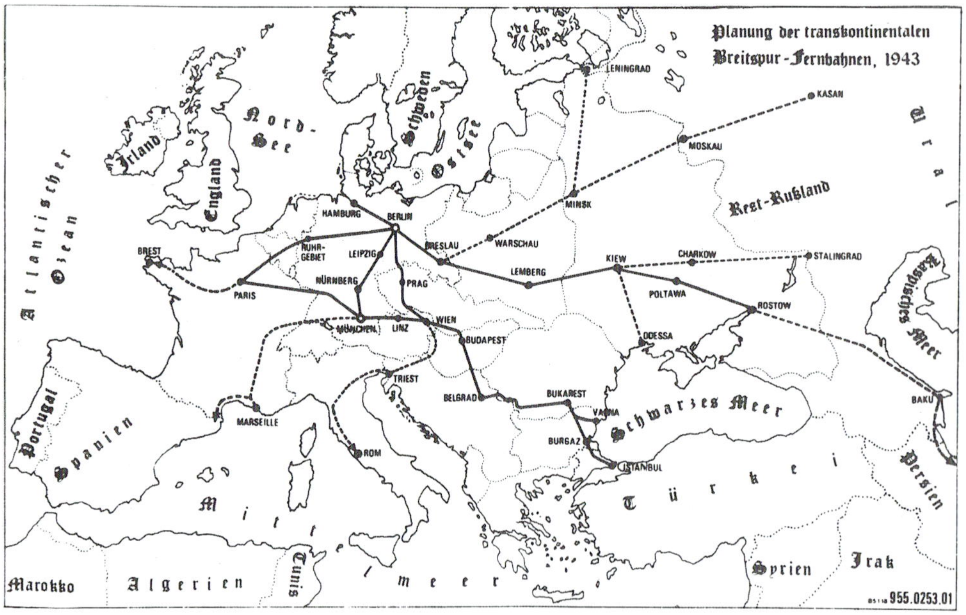

1) Größenvergleich Mensch und Breitspur-E-Lok in den Planungsunterlagen des Reichsbahnzentralamtes München
1943

2) Modell eines Wagens für Ostarbeiter
Maßstab 1:43,5

3) Besprechung bei Hitler mit Staatssekretär Ganzenmüller (links) und Ministerialrat Wiens (3. von links), dem Referenten für die Planungen zur Breitspurbahn · 5.4.1943

4) Übersichtskarte zur geplanten Trassenführung
1943

Expansion und Eroberung

In den Jahren vor dem Krieg beeinträchtigte die forcierte Aufrüstung den Eisenbahnbetrieb bereits in starkem Maße. So hatte die Reichsbahn mit Materialschwierigkeiten zu kämpfen, da die Rüstungsindustrie bei der staatlich gelenkten Zuweisung von Rohstoffen bevorzugt wurde. Wo möglich, wurde das Unternehmen zudem angehalten, auf „Heimstoffe" auszuweichen, um weniger von importierten Materialien abhängig zu sein. Große Transportkapazitäten wurden seit 1938 durch die hektisch betriebene Errichtung der Grenzbefestigung im Westen des Reiches, des „Westwalls", gebunden. Die zahlreichen Aufgaben führten die Reichsbahn an die Grenzen ihrer Belastbarkeit. Zu den direkten Kriegsvorbereitungen bei der Bahn gehörten die Teilnahme an Manövern und Besprechungen der Wehrmacht und der Bau von Luftschutzräumen.

Mit der Annexion Österreichs und des Sudetenlandes im Jahr 1938 vergrößerten sich das Streckennetz und der Personalbestand der Deutschen Reichsbahn. Der Truppenaufmarsch an den Grenzen, welcher der Besetzung dieser Gebiete vorausgegangen war, wurde von der Bahn durchgeführt. Gleiches galt 1939 bei der gewaltsamen Einrichtung des „Protektorates Böhmen und Mähren", das aus den verbliebenen tschechischen Gebieten gebildet wurde. Die daraufhin gegründeten „Böhmisch-Mährischen Staatsbahnen" blieben formal selbständig, standen jedoch unter deutscher Aufsicht.

Die wachsende Instrumentalisierung der Reichsbahn für die kriminellen Ziele des NS-Regimes mündete in ihren direkten Einsatz im Zweiten Weltkrieg. Gemäß den vorab ausgearbeiteten Höchstleistungsfahrplänen stellte sie 185.400 Wagen für den Aufmarsch gegen Polen bereit. Zuvor waren die Ausladekapazitäten und Streckenleistungen in den grenznahen Direktionen erhöht worden. Nach der Eroberung des Landes richtete die Reichsbahn neue Direktionen in den annektierten Gebieten ein und setzte die schon während des Feldzugs begonnene Instandsetzung von Strecken und Brücken fort. In den polnischen Restgebieten, die als „Generalgouvernement" unter deutscher Verwaltung standen, kam es zur Gründung der sogenannten „Ostbahn", die unter anderem den Warenaustausch mit der Sowjetunion regelte. Im Winter 1939/40 hatte die Bahn den Transport von über 100.000 „volksdeutschen Umsiedlern" zu bewältigen.

1

2

3

4

1) Reichsbahn-Fahrkarte mit Propaganda-Aufruf zur Volksabstimmung über den „Anschluss" Österreichs
1938

2) Reichsbahn-Fahrplan für Österreich
1939

3) Reichsbahn-Fahrplan für das Sudetenland
1938

4) Stempel der „Generaldirektion der Ostbahn" mit Sitz in Krakau
Um 1941

1

2

3

4

5

Bei den „Blitzkriegen“ des Jahres 1940 konzentrierte sich der Einsatz der Bahn wiederum auf den Aufmarsch sowie die provisorische Instandsetzung der in den Kriegshandlungen zerstörten Bahnanlagen. Im Westen richtete man zunächst die „Wehrmachtsverkehrsdirektionen“ Brüssel und Paris ein, die dem „Chef des Transportwesens“ bei der Wehrmacht unterstanden. Der Bahnbetrieb in den eroberten Ländern erfolgte durch einheimisches Eisenbahnpersonal, das allerdings von deutschen Eisenbahnern beaufsichtigt wurde.

Eine neue, kriegsentscheidende Dimension kam dem Einsatz der Eisenbahn mit dem Überfall auf die Sowjetunion im Juni 1941 zu. Nun machte sich bemerkbar, dass die Reichsbahn die ihr gestellten Aufgaben nur dann erfüllen konnte, wenn die Dauer des Feldzuges und die Wege für den Nachschub begrenzt blieben. Im Ostfeldzug scheiterte jedoch die Strategie des schnellen Vorstoßes mit motorisierten Verbänden.

Die immer länger werdenden Nachschubwege zur vorrückenden Front sowie der weitgehende Ausfall der motorisierten Streitkräfte im russischen Winter führten zu einer Transportkrise, der die Reichsbahn kaum Herr zu werden vermochte. Ein besonderes Problem bestand überdies in der größeren Spurbreite des russischen Eisenbahnnetzes, das aus militärstrategischen Erwägungen um rund neun Zentimeter breiter ausgelegt war als die europäische Normalspur – möglichen Angreifern sollte so ein schneller Vorstoß in die Weiten des Landes erschwert werden. Nachdem die Wehrmacht deutlich weniger russische Breitspurwagen und -lokomotiven erbeutet hatte als erhofft, mussten Eisenbahnpioniere Tausende Kilometer Breitspur auf Normalspur umbauen.

Die Eisenbahn-Pionierregimenter waren Einheiten der Wehrmacht und rückten mit der kämpfenden Truppe vor; sie sorgten für die notdürftige Wiederherstellung eroberter Bahnanlagen. Im rück-

6

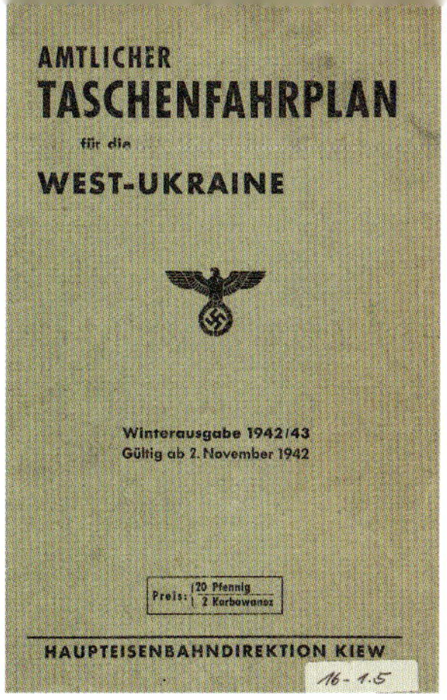

7

8

9

10

1) Zwei Reichsbahner der „Wehrmachtsverkehrsdirektion Paris“ kontrollieren einen Wagenzettel · 1944

2) Die offizielle Propaganda versuchte das Bild des „heroischen Kämpfers im Osten“ zu vermitteln.

3) Einheimische Arbeitskräfte bei Gleisarbeiten in Charkow/Ukraine
Um 1942

4) Armbinde zur Kenntlichmachung des Kombattantenstatus der „blauen Eisenbahner“
Um 1941

5) Uniform eines Reichsbahners der „Wehrmachtsverkehrsdirektion Brüssel“ · Um 1940

6) Übersichtskarte zu den in der Sowjetunion eingerichteten Haupteisenbahndirektionen, in denen die „blauen Eisenbahner“ eingesetzt wurden. Östlich davon bis zur Frontlinie erfolgte der Betrieb durch die „feldgrauen Eisenbahner“. · 1942

7) Taschenfahrplan der Haupteisenbahndirektion Kiew · 1942

8) Übergabe eines Munitionszuges von einem „blauen“ an einen „feldgrauen“ Eisenbahner bei Charkow in der Ukraine
1942

9) Ein Lokführer, dessen Kleidung bei 30° Kälte durchnässt worden war, wärmt sich im Dienstraum auf.
1942

10) Bei Fliegerangriff verwundeter Reichsbahner
1942

1

wärtigen Frontgebiet agierten die „feldgrauen Eisenbahner", eine zumeist aus eingezogenen Reichsbahnern bestehende Truppe, die für den Kriegseinsatz im Osten zusammengestellt worden war. Sie hatten für die Anbindung der Transporte aus der Heimat an die sich ändernde Frontlinie zu sorgen. Die gigantische Ausweitung des besetzten Streckennetzes, das zur Zeit seiner größten Ausdehnung Ende 1942 rund 42.000 Kilometer umfasste, machte indes den Einsatz weiterer Fachkräfte erforderlich. In den vermeintlich „befriedeten" Westgebieten der Sowjetunion kamen daher Reichsbahner als sogenannte „blaue Eisenbahner" zum Einsatz. Sie wickelten den Betrieb zwischen den östlichen Reichs- bzw. Ostbahndirektionsgrenzen und den Gebieten der feldgrauen Eisenbahner ab. Um ihren Kombattantenstatus auch nach außen sichtbar zu machen, trugen die Reichsbahner gelbe Armbinden mit der Aufschrift „Deutsche Wehrmacht" zu ihren blauen Uniformen.

Zu den mannigfaltigen Transportaufgaben der Eisenbahner zählten weiterhin die Sicherung des Nachschubs an Waffen und Soldaten, die Regelung des Fronturlauber- und Verwundetenverkehrs sowie die Rückführung der Wagen und Lokomotiven. Die Kälte des russischen Winters führte indessen zu erheblichen Schäden an Bahnanlagen und Fahrzeugen. Die Lokomotiven der Reichsbahn erwiesen sich aufgrund der vielen technischen Feinheiten als zu anfällig und versagten bei den extremen Frosttemperaturen ihren Dienst. Die zahllosen Ausfälle führten im Winter 1941/42 zu einer Transportkrise, die den Nachschub auf einen Bruchteil reduzierte. 1942 wurde daher die vereinfachte Kriegslokomotive der Baureihe 52 entwickelt, von der ab Mitte 1943 monatlich 500 Stück produziert werden konnten.

Fahrende Züge und Bahnanlagen wurden im Laufe des Krieges immer häufiger Ziel von Partisanenanschlägen, die den Betrieb in erheblichem Maße beeinträchtigten. Zu den Aufgaben der Eisenbahner zählte daher auch, die Bahnstrecken mit der Waffe zu verteidigen. Die von den Deutschen durchgeführten Vergeltungsaktionen für Partisanenübergriffe auf Bahnanlagen richteten sich häufig auf brutalste Weise

2

3

4

5

gegen die unbeteiligte sowjetische Zivilbevölkerung. Mitte 1944 führten die sowjetischen Offensiven endgültig zur Räumung der besetzten Gebiete. Mit zahlreichen Beutezügen führten die Eisenbahner viele der noch einsatzfähigen Loks und Wagen in die Heimat zurück. Am hintersten Wagen des letzten ausfahrenden Zuges befand sich häufig ein „Schienenwolf" – eine Kralle aus Stahl, die unter den Schwellen ansetzte und den gesamten Gleiskörper aufriss.

Der Eisenbahnbetrieb in den besetzten Teilen der Sowjetunion stellte höchste Anforderungen an die körperliche Leistungsfähigkeit und das technische Können der Eisenbahner. Darüber hinaus drohte permanent die Gefahr, während der Ausübung des Dienstes in Kampfhandlungen verwickelt zu werden. Der weitaus größte Teil der im Zweiten Weltkrieg gefallenen Eisenbahner starb während des Einsatzes im Osten – eine genaue Zahl ist jedoch unbekannt.

A. E.

1) Modell einer Lok der Baureihe 52 mit Kondenstender
Einige der Kriegslokomotiven erhielten einen speziellen Tender, der den normalerweise austretenden Wasserdampf kondensierte und wieder dem Wassertank zuführte. Die „Kondensloks" sollten in den Trockengebieten der südlichen Sowjetunion eingesetzt werden.
Maßstab 1:10

2) Vereistes Rad einer Lokomotive
1942

3) „Tag und Nacht liegen Eisenbahner im Kampf mit bolschewistischen Banden": Propagandafoto des Reichsverkehrsministeriums
1942

4) Hinrichtung von Partisanen in Minsk
1942

5) Bei einem sowjetischen Fliegerangriff getöteter Eisenbahner
1942

6) Einsatz des „Schienenwolfs" beim Rückzug
Um 1944

6

Der Waffenstillstandswagen von Compiègne

Am Morgen des 11. November 1918 setzten die Unterschriften zweier Delegationen dem Ersten Weltkrieg ein Ende. In dem unterzeichneten Waffenstillstandsabkommen erklärte die deutsche Delegation die Niederlage Deutschlands; die siegreichen Franzosen mit Marschall Foch an der Spitze hatten die Bedingungen diktieren können. Ort des Abkommens war jener Salonwagen, der als „Wagen von Compiègne" in die Geschichte eingehen sollte. Der luxuriös ausgestattete Wagen der „Compagnie Internationale des Wagons-Lits" gehörte zu dem Sonderzug Fochs, der in einem Wald nahe der nordfranzösischen Kleinstadt Compiègne stationiert war.

22 Jahre später, am 20. Juni 1940, wurde in dem Wagen erneut die Niederlage einer Nation besiegelt. Diesmal war es Hitler, der hier die Kapitulation Frankreichs entgegennahm. Zur Demütigung des Gegners hatte er genau den Wagen hervorholen lassen, der bislang als Symbol des französischen Sieges galt. Bereits 1921 hatte man den Salonwagen in Paris ausgestellt. Vier Jahre später entschied man, den Waggon an den Ort des Waffenstillstands zurückzubringen. Zum Schutz vor der Witterung wurde er in einem eigens errichteten Gebäude untergestellt. Ein riesiger Gedenkstein mit der Inschrift „Hier zerbrach am 11. November 1918 der verbrecherische Stolz des Deutschen Reiches ... bezwungen von den freien Völkern, die es zu versklaven suchte" bezeichnete die genaue Stelle, an dem der Wagen gestanden hatte.

Nach der Unterzeichnung der französischen Kapitulation sollte der Waffenstillstandswagen nun den Deutschen als Sinnbild des Sieges dienen. Der Wagen wurde nach Berlin befördert und dort ausgestellt. Den Gedenkstein ließ Hitler sprengen. 1941 zog man den Wagen im Triumphzug durch das Brandenburger Tor. Gegen Ende des Zweiten Weltkrieges verliert sich die Spur des Salonwagens. Bis heute ist ungeklärt, ob der Wagen gesprengt oder bei einem Bombenangriff zerstört wurde. *A. E.*

1) Französische Gedenkpostkarte zur Unterzeichnung des Waffenstillstands 1918 Um 1925

2) Französische Ansichtskarte des Salonwagens in der Ausstellungshalle in Compiègne 1927

3) Kapitulationsverhandlungen 1940

4) Hitler (3. von links) vor dem französischen Gedenkstein 1940

5) Hitler nach der Entgegennahme der Kapitulation 1940

6) Triumphfahrt des Waffenstillstandswagens auf einem Straßenfahrzeug durch das Brandenburger Tor · 1941

Der „Tag des deutschen Eisenbahners“

„In Anerkennung der einmaligen Leistungen der Eisenbahner in diesem Kriege“ bestimmte ein „Führerbefehl“ aus dem Herbst 1943 den 7. Dezember, den Jahrestag der ersten deutschen Eisenbahnfahrt von Nürnberg nach Fürth, zum „Tag des deutschen Eisenbahners“. Zu diesem Anlass wurden sowohl 1943 als auch im Jahr darauf zahlreiche Eisenbahner für ihre Verdienste im Kriegseinsatz ausgezeichnet.

Die Großkundgebung von 1943 stand angesichts der massiven alliierten Luftangriffe unter der Parole „Wir fahren dennoch!“ und zielte darauf ab, den Durchhaltewillen der Eisenbahner im „totalen Kriegseinsatz“ zu stärken. Umjubelter Hauptredner war daher Propagandaminister Goebbels, der seine lobenden Worte für die trotz aller Widrigkeiten vollbrachten Transportleistungen mit einem Appell an die bedingungslose Opferbereitschaft der Eisenbahner verband:

„Ihr verseht im Kriege euren schweren Dienst oft und oft unter direkter und unmittelbarer Feindeinwirkung. Nicht nur in der Zuführung von Waffen und Munition an die Front, auch in der reibungslosen Durchführung des Verkehrs in den Luftkriegsgebieten (...) beweist ihr vielfach eine Verachtung der Gefahr und einen Todesmut, die bewundernswert sind – dafür dankt euch heute das ganze deutsche Volk. (...)
Der moderne Krieg (...) hat die entscheidenden Aufgaben des Verkehrs noch enorm gesteigert. Ja, man kann fast sagen, dass der Krieg in seinen kritischen Phasen in der Hauptsache ein Problem des Nachschubs bzw. der Verbindungswege ist. Daraus allein erhellt schon der ungeheure Anteil, den ihr, deutsche Eisenbahner, einmal am Sieg unserer Waffen haben werdet. (...) Ihr habt die Hand am Nervenzentrum unseres Kriegslebens. Ihr seid auch in einem höheren Sinne die Weichensteller der modernen Kriegführung. (...)

Auf euch also kommt es in dieser kriegsentscheidenden Frage an. Das wissen wir und das wisst ihr. (...) Eisenbahner sein heißt heute etwas mehr als einem x-beliebigen Berufsstand angehören („Bravo!“). Es heißt heute einen großen Teil der Kriegsentscheidung in der Hand haben.“

Die weiteren Ausführungen des Propagandaministers mussten jedoch jedem Zuhörer offenbaren, wie die Dinge wirklich standen. In der zweiten Hälfte des Vortrages war kaum noch von der Eisenbahn die Rede. In ihr versuchte Goebbels wortreich, die allerorts geäußerten Zweifel am bevorstehenden „Endsieg“ als pure Schwarzmalerei zu brandmarken.

A. E.

1) Propagandaminister Goebbels bei seiner Rede am „Tag des deutschen Eisenbahners“ 7.12.1943

1

Kriegsalltag in Deutschland

407

1

2

3

4

Der Krieg steigerte die Mobilität der Bevölkerung in einem bis dahin nicht gekannten Maße. Die Zahl der beförderten Zivilpersonen stieg laut Statistik von über 2,21 Milliarden im Jahr 1939 auf 3,53 Milliarden im Jahr 1943. Die meisten Bahnhöfe wurden zu einem unüberschaubaren Sammelpunkt der in verschiedene Richtungen strebenden Massen. Auf den Bahnsteigen und in den Zügen herrschte drangvolle Enge. Neben den regulären Reiseverkehr traten nun auch Truppentransporte, Fronturlauber- und Lazarettzüge des Wehrmachtsverkehrs. Auch normale Personenzüge fuhren häufig mit einem eigenen Wehrmachtsteil. Die Transporte der Kinderlandverschickung brachten die Großstadtkinder in weniger luftkrieggefährdete Gebiete; ihnen folgten bald die Transporte mit Ausgebombten.

Durch die starke Beanspruchung der Eisenbahn kam es bei der Versorgung der Front mit Truppen und Nachschub zu Engpässen beim Wagenmaterial. Entsprechend rigide wurde der normale Personenverkehr gedrosselt: Die Zahl der Reisezüge wurde deutlich eingeschränkt, die Fahrpläne ausgedünnt. Für bestimmte Züge waren Zulassungskarten zu lösen, die nur in begrenzter Zahl ausgegeben wurden. Die zuvor vielfach gewährten Ermäßigungen entfielen, wurden aber zum Teil durch Fahrpreisnachlässe für Verwundetenbesuche u.ä. ersetzt.

Der Schlafwagen- und Speisedienst der „Mitropa“ war schon zu Beginn des Krieges eingeschränkt worden. Mahlzeiten wurden nur noch gegen Lebensmittelkarten ausgegeben. 1941 wurde

6

5

7

1) Berlin, Anhalter Bahnhof, Rückkehr an die Front nach Beendigung des Heimaturlaubs · Um 1942

2) Luftwaffensoldat im Reisezugwagen · 1942

3) Aufruf zur Verdunklung am Fenster eines Personenwagens · 1942

4) Aufsteckkarten mit Warnhinweisen für Reisende Um 1940

5) Plakat der Propagandaaktion „Räder müssen rollen für den Sieg" · 1942

6) Hölzernes Propagandaschild vom österreichischen Grenzbahnhof Unterretzbach 1942–1945

7) Aufruf zur Unterlassung von Reisen in der Weihnachtszeit Um 1943

8) Fluoreszierendes Hinweisschild · Um 1940

8

1

407

2

3

1) Brennender Güterwagen nach einem Luftangriff auf Augsburg · 1945

2) Warnung vor Fliegerangriffen auf Bahnhöfe · 1943

3) Hauptbahnhof Schweinfurt nach englischem Luftangriff · 1943

der Service endgültig eingestellt, die Wagen der Mitropa hatten der Wehrmacht als Versorgungs- und Lazarettwagen zu dienen.

Parolen wie „Erst siegen – dann reisen!" mahnten Reisewillige zur Unterlassung von unnötigen Reisen. Die 1942 ins Leben gerufene Propagandaaktion „Räder müssen rollen für den Sieg" richtete sich gleichermaßen an Bahnbenutzer und Mitarbeiter der Reichsbahn. Den Reisenden erinnerte sie an den Vorrang der Fronturlauberzüge und Kriegsgütertransporte. Die Eisenbahner sollten dazu angehalten werden, durch schnelleres Be- und Entladen und die restlose Ausnutzung der Ladeflächen von Güterwagen zusätzliche Transportkapazitäten für den Frontbetrieb frei zu machen.

Zahlreiche Aushänge prägten das Bild der Bahnhöfe in zunehmendem Maße. In vielen von ihnen kam die Gefahr zum Ausdruck, die beim Reisen in Kriegszeiten durch die Fliegerangriffe drohte: Verdunklungsgebote mahnten den Reisenden zur Achtsamkeit, Warnaufrufe gaben Anweisungen für das richtige Verhalten bei Fliegeralarm. Die Aufrufe enthielten somit gewissermaßen amtlich ausgearbeitete Verhaltensmaßregeln für den Fall des drohenden Todes. Angesichts der immer häufiger werdenden Attacken durch Tiefflieger, die sich mit Leuchtspurmunition auf ihre Ziele einschossen, konnten auch fahrende Züge zur tödlichen Falle werden.

Die Flächenbombardements der Großstädte zogen ebenso wie die

4

gezielten Luftangriffe Bahnhöfe und Betriebsanlagen der Reichsbahn in starke Mitleidenschaft. Während sich die Reisenden bei Fliegeralarm in die Luftschutzräume retteten, musste der Betrieb oft bis zum direkten Beginn des Angriffs fortgeführt werden.

Die Reichsbahner wurden gezwungenermaßen zu Meistern der Improvisation. Einfache Güterwagen wurden zu „Behelfs-Personenwagen“ umgebaut; hölzerne „Einheitskauen“, die den Aufbauten der gedeckten Güterwagen nachempfunden waren, ersetzten zerstörte Blockstellen, Schrankenwärterhäuschen und Unterkünfte. Aus den Güterwagen der Bauart „Dresden“ wurden provisorische Stellwerke gezimmert, die ohne großen Aufwand an eine Schadensstelle gebracht werden konnten.

Auch beim Personalbestand waren Lücken zu schließen, da viele Reichsbahner in die besetzten Gebiete bzw. an die Front beordert wurden. Das Unternehmen beschäftigte daher viele ausländische Arbeitskräfte und Zwangsarbeiter. Darüber hinaus warb man verstärkt weibliche Mitarbeiter an. Wie schon im Ersten Weltkrieg übernahmen Frauen in großer Zahl Tätigkeiten, die bislang von männlichen Kollegen ausgeübt worden waren. Auch Pensionäre traten wieder in ihre alten Dienststellen ein und vertraten ihre eingezogenen jüngeren Kollegen.

A. E.

5

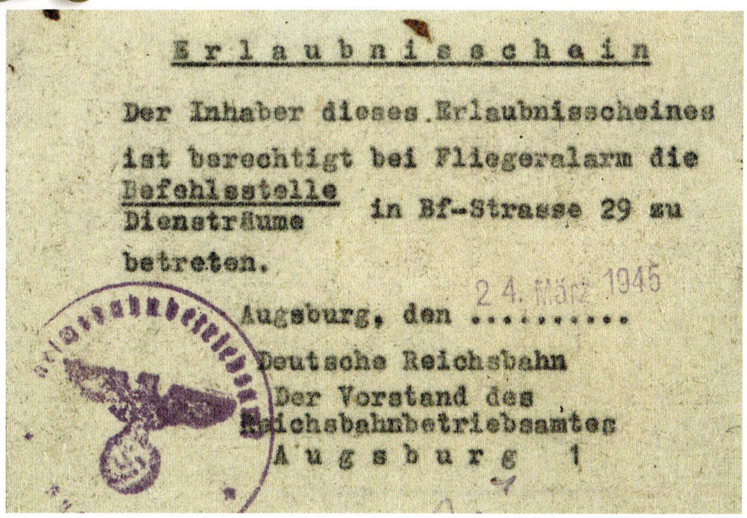

Erlaubnisschein

Der Inhaber dieses Erlaubnisscheines ist berechtigt bei Fliegeralarm die Befehlsstelle / Diensträume in Bf-Strasse 29 zu betreten.

Augsburg, den 24. März 1945

Deutsche Reichsbahn
Der Vorstand des
Reichsbahnbetriebsamtes
Augsburg 1

6

7

8

4) Tragbarer Arzneimittelkoffer „Kleine Luftschutz-Hausapotheke“ der Reichsbahn
Um 1940

5) Behelfsmäßiger Erlaubnisschein
Um Sabotage vorzubeugen, durften während eines Luftangriffes bestimmte Räume nur mit Sondergenehmigung betreten werden.
1945

6) Bahnhofsdiensträume in „Einheitskauen“
Die Provisorien wurden teilweise bis weit in die Nachkriegszeit weiterverwendet.
1951

7) Aufsichtsbeamtin am Hauptbahnhof Nürnberg
1942

8) Reichsbahn-Kraftwagenführerin
1943

Arbeiten unter Zwang

408

1

2

3

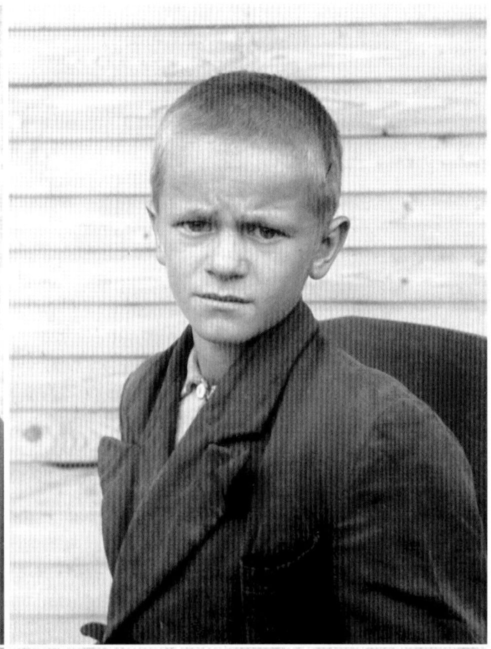

4

1-4) Ostarbeiter bei der Reichsbahndirektion Augsburg 1944

Mit Beginn des Zweiten Weltkriegs und dem Abzug von Wehrpflichtigen zum Kriegsdienst mangelte es in allen Bereichen der deutschen Wirtschaft zunehmend an Arbeitskräften. Die verstärkte Anwerbung von Frauen reichte bei weitem nicht aus, um diesen Mangel zu beheben. Ab 1939 wurden daher in wachsendem Maße ausländische Arbeitskräfte ins Land geholt. Sie wurden anfänglich noch auf freiwilliger Basis angeworben, später jedoch zu Hunderttausenden unter Zwang ins Deutsche Reich transportiert. Die Reichsbahn spielte als Transporteurin von Arbeitskräften eine entscheidende Rolle. Die rund 7,6 Millionen Ausländer, die 1944 in Deutschland arbeiteten – darunter 5,7 Millionen zivile Arbeiter und 1,9 Millionen Kriegsgefangene –, kamen überwiegend mit der Eisenbahn.

Zahlreiche ausländische Arbeitskräfte arbeiteten auch für die Reichsbahn. Alle Bahndirektionen beschäftigten während des Krieges Fremdarbeiter, Kriegsgefangene und oft auch KZ-Häftlinge. Im Reichsgebiet betrug ihre Zahl 1943 rund 200.000 bei einer Gesamtbelegschaft von knapp 1.297.000 Mitarbeitern. Unter den Ausländern waren knapp 40.000 Kriegsgefangene, rund 20.000 Tschechen, 75.000 Polen und sowjetische Zivilarbeiter sowie 63.000 Arbeiter aus anderen Ländern. Hinzu kamen etwa 1.300 Häftlinge aus Konzentrations- und Arbeitserziehungslagern.

Für das Jahr 1944 und das Frühjahr 1945 existieren keine genauen Angaben.

5

Vermutlich stieg die Zahl der Ausländer bei der Reichsbahn aber weiter an, da die Gesamtbelegschaft bis Ende des Jahres 1944 auf 1.581.000 Mitarbeiter anwuchs. Im Bereich der Reichsbahndirektion Berlin etwa war 1944 rund ein Drittel aller Arbeitskräfte Ausländer. Im Reichsbahn-Ausbesserungswerk München-Freimann stellten die ausländischen Arbeitskräfte gegen Ende des Jahres 1944 sogar mehr als die Hälfte der Belegschaft. Allerdings waren in den Ausbesserungswerken und auch im Baudienst generell besonders viele Ausländer beschäftigt. Da die Arbeit dort keine spezielle Vorbildung verlangte, konnten viele ungelernte Kräfte eingesetzt werden. Im Übrigen waren Fremdarbeiter

6

5) Sowjetische Kriegsgefangene auf dem Weg ins Sammellager 1941

6) Russische Frauen während des Transports zum „Arbeitseinsatz“ im Deutschen Reich 1943

2

1

3

und Kriegsgefangene in fast allen Betriebsbereichen anzutreffen: Sie arbeiteten in den Signalwerkstätten, als Heizer, Bekohler, Lok- und Wagenputzer oder Schlosser im Betriebsmaschinendienst, als Ladehilfen in den Güterabfertigungen oder als Rangierer.

Die Zuweisung der ausländischen Arbeitskräfte erfolgte durch die zuständigen Gauarbeitsämter. Die Reichsbahndienststellen konnten angeben, welcher Nationalität die angeforderten Arbeitskräfte angehören sollten und ob Gefangene einsetzbar waren. Da die Arbeit der Reichsbahn als „kriegswichtig“ eingestuft war, wurde ihren Anforderungen von Arbeitskräften meist entsprochen.

Die Fremdarbeiter und Kriegsgefangenen, die bei der Reichsbahn arbeiteten, lebten in der Regel in Lagern. Nach den vom Internationalen Roten Kreuz nach dem Krieg ermittelten Zahlen befanden sich 381 Arbeitslager auf Reichsbahngelände. Auf die Leitung der Lager hatte die Reichsbahn allerdings wenig Einfluss. Die Fremdarbeiter-Lager unterstanden in der Regel der Deutschen Arbeitsfront (DAF), die Kriegsgefangenenlager der Wehrmacht. Die für die Reichsbahn arbeitenden KZ-Häftlinge lebten in Lagern, die als Außenstellen der Konzentrationslager von der SS verwaltet wurden.

Die Reichsbahn beschäftigte allerdings nicht nur im Reichsgebiet ausländische Arbeitskräfte. Zu den Besonderheiten des Unternehmens zählt die Tatsache, dass die Reichsbahn in die besetzten Gebiete vorstieß und ihre Arbeiter auch vor Ort rekrutierte. Das einheimische Bahnpersonal wurde meist von der Reichsbahn weiterbeschäftigt. Darüber hinaus setzte sie auch in den besetzten Gebieten von Beginn an Kriegsgefangene ein sowie Einheimische, die zur Arbeit zwangsverpflichtet wurden. Die Organisation der Arbeitsverhältnisse verlief ähnlich wie im Reich. Die einheimischen Arbeitskräfte wurden der Reichsbahn von den Arbeitsämtern in den besetzten Gebieten zugewiesen, die zugleich die Anwerbung oder Deportation von Arbeitern ins Reich organisierten. Die Reichsbahndienststellen mussten dabei angeben, ob auch „Kriegs-, Zivilgefangene, Frauen oder Juden verwendbar“ waren. Zahlen über die genaue Zusammensetzung der Reichsbahn-Beschäftigten in den besetzten Gebieten existieren kaum. Für die Ostbahn ist bekannt, dass im August 1942 dort 8.419 deutsche Eisenbahner, rund 150.000 Nicht-Deutsche, vornehmlich Polen, sowie 8.568 jüdische Zwangsarbeiter beschäftigt waren. Für die nichtjüdischen einheimischen Arbeitskräfte bedeutete die Beschäftigung bei der Reichsbahn vor Ort, dass sie dem zwangsweisen Transport zur Arbeit im Reich entgingen. Eines aber hatten sie mit den ausländischen Arbeitskräften im

Reich gemeinsam: Ohne ihren in welcher Weise auch immer erzwungenen Einsatz hätte die Reichsbahn nicht die großen betrieblichen Leistungen erzielen können, die sie bis zum Kriegsende erbrachte.

U.B.

1) KZ-Häftlinge bei Aufräumarbeiten nach einem Bombenangriff in der Nähe von Augsburg
1944

2) Armbinden für ausländische Arbeiter der Reichsbahn

3) Ukrainische Arbeiter eines Gleisbautrupps in Lindau beim Essenholen
1944

4) Einheimische Frauen bei der Bahn in Kiew
1942

5) Einheimische Arbeiter in Kiew
1942

6) Jüdische Zwangsarbeiter bei Schneeräumarbeiten in Minsk
1942

7) Kriegsgefangene verladen Beutegut im Osten.
1942

4

5

6

7

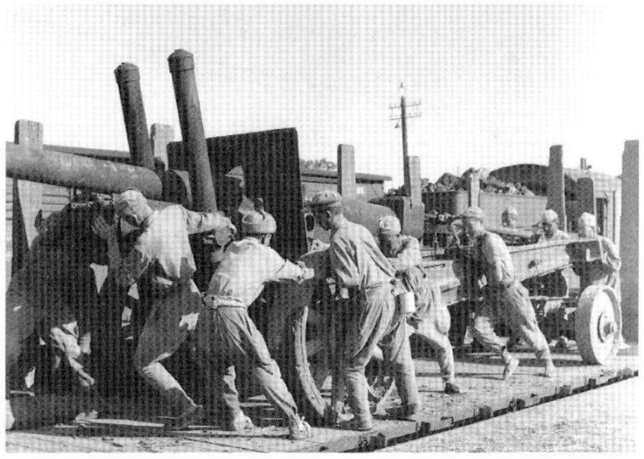

Ein Zeitzeuge berichtet über Deportation und Zwangsarbeit

Lagerausweis Nr

für den Insassen im Schulhaus

~~Ledigenheim Nürnberg Rbf~~

~~Conradtystrasse 15~~

Name: R. ZWEERMAN

geboren: 2-7-27

Nationalität: HOLLÄNDER

~~Baracken~~ Nr 24 Raum Nr 6 Bett Nr

Schulhaus Schulhaus

1) Lagerausweis von Rob Zweerman: Im Schulhaus in der Bauernfeindstraße in Nürnberg waren während des Krieges Fremdarbeiter und Kriegsgefangene aus verschiedenen Ländern untergebracht.

Im Spätherbst 1944 ließ die Wehrmachtsleitung alle in den besetzten niederländischen Gebieten verbliebenen wehrfähigen Männer geschlossen zum „Arbeitseinsatz" ins Reichsgebiet deportieren. Insgesamt waren ca. 50.000 Männer betroffen. Zu ihnen gehörte der in Rotterdam lebende Rob Zweerman, der 1944 siebzehn Jahre alt war. Er wurde mit dem Zug nach Nürnberg gebracht, wo er bis zum Kriegsende am Rangierbahnhof für die Reichsbahn arbeiten musste. In einem Interview berichtete er über seine Erlebnisse:

An jenem Tag am 11. November – es war sehr schlechtes Wetter, es regnete – da wurde ich vom Haus abgeholt. Ich habe meinen Eltern Auf Wiedersehen gesagt und ich habe gesagt,„Ja, vielleicht bin ich nächste Woche wieder zurück". Ich bekam ein Päckchen Brot, von dem Wenigen, was meine Eltern hatten. Dann bin ich mitgelaufen mit Leuten, die in der Nachbarschaft wohnten. Wir wurden auf einen Sportplatz gebracht. Dazu muss ich sagen, dass ich im nördlichen Teil von Rotterdam wohnte, in Bleidorp. Alle Leute aus Bleidorp sind auf den Sportplatz gebracht worden und standen dort im Regen dicht aufeinander.

Abends etwa zehn Uhr sind wir in großen Kolonnen abgeführt worden zum Bahnhof in Rotterdam. Alles war dunkel, wie in der Kriegszeit überall, keine Laternen, kein Licht. Im Stockdunkeln sind wir dann auf den Bahnhof gekommen und wurden später in Viehwaggons gepresst, mit 60 Personen in einen Waggon. Die Tür wurde abgeschlossen, und wir haben noch Stunden gestanden, bis der Zug tief in der Nacht abfuhr, wie wir errraten konnten in Richtung Den Haag.

Am nächsten Morgen waren wir in der Tat in Den Haag. Normal dauert die Fahrt 20 Minuten, aber wir haben Stunden gebraucht, um dorthin zu kommen. Abends waren wir in Oldenzaal. Das liegt an der deutschen Grenze, und da wussten wir, wir überqueren die Grenze und wir sind jetzt in Deutschland. Das war ein Todesschrecken, denn überall der Bahn entlang waren Bombentrichter. Wir kamen in die Stadt Münster in Westfalen. Die ganze Stadt war bombardiert. Das gab uns so einen Schrecken. Denn wir dachten, das wird unser Los sein, wir werden auch bombardiert. Wir sind jetzt Feinde für die Leute in der Luft. Denn alles was sich bewegte, wurde beschossen. Dann sind wir weitergefahren bis Hagen. In Hagen durften wir kurze Zeit raus. Wir bekamen dort einen Teller Suppe. Ja, wenn man einen Teller hatte, bekam man etwas Suppe. Hatte man keinen Teller, dann bekam man auch keine Suppe. Und die vielen Leute – es waren mehr als 1500 in diesem Transport – kamen aus dem Zug und machten ihre Notdurft entlang der Bahn, bevor sie wieder in den Zug gepresst wurden. Da kam der Bahnhofsvorsteher auf einmal, ein Mann mit so einer ehemaligen Generalsuniform, und er sagte, „Alle Holländer wieder raus und ihren Dreck aufräumen". Mit der

Lagerausweis

Hand mussten wir dann den Dreck wegbringen. Dann mussten wir wieder in den Zug und wir sind weitergefahren, tagelang, bis wir bemerkten, dass wir in der Nähe von Frankfurt am Main waren. (...)

Die Bedingungen in den Viehwaggons waren furchtbar. Es gab kein Stroh, kein Wasser, keine Toilette. Nur ein kleines Fenster mit Gitter. Dadurch konnte man hinausschauen. Die Türen waren verschlossen und verriegelt. In meinem Waggon waren wir in der Lage die Tür zu öffnen. Einer von uns hat ein System entwickelt, dass, wenn wir mal einen Stopp machten, wir die Tür öffnen konnten. Ein junger Mann mit einem Wanderstock wurde aus dem Fenster gedrückt und konnte mit dem Stock den Hebel aufziehen und dann konnten wir die Tür aufmachen. Für uns gab es die Gelegenheit unsere Notdurft aus dem Zug zu tun. Aber wir mussten sehr vorsichtig sein, weil wenn man etwas zu weit aus dem Zug kam, wurde unmittelbar geschossen von der Bewachungsmannschaft, die im hinteren Waggon saß. Das war ein Waggon mit Flakgeschütz, für uns das Zeichen, dass es möglich war, dass alliierte Tiefflieger den Zug unter Beschuss nahmen.

(...) Die Menschen im Zug waren sehr aufgeregt. Sie kannten einander nicht. Es waren alle vollkommen fremd. Die älteren Männer sprachen fortwährend von ihren Frauen und Kindern. Und wir jungen Männer, ja, für uns war das vollkommen unbekannt. (...)

Wir kamen in Nürnberg in der Nähe vom Märzfeld an, da sah ich russische Wörter auf einem Schild, dann dachte ich, wir sind in Polen, wir sind in Russland oder wo sind wir. Ich wusste gar nicht, dass wir in Nürnberg waren. (...)

Zuerst kamen der Gauleiter von Franken und Leute vom Arbeitsamt Nürnberg. Sie suchten sich Fachleute aus, Bäcker, Zimmerleute und andere. Da habe ich bemerkt, wenn man keinen Beruf hatte, wurde man automatisch gestempelt als Bahnarbeiter. Dann musste man mit Pickel und Schaufel Steine hacken, die Schienen tragen usw. Aber ich war einem anderen jungen Mann begegnet, Willem P., der war auch ein Schüler. Er war an einer Fachschule, wo man Elektro- und Metallarbeiten lernen kann. Und er sagte, „Lass uns sagen, dass wir Elektrotechniker sind. Ich weiß, wie die Elektrizität arbeitet und du kannst die deutsche Sprache verstehen, ich nicht. Wir versuchen zusammenzubleiben und probieren, dass wir Arbeit als Elektrotechniker bekommen“. Das ist gelungen. Mit ihm habe ich in der Elektrowerkstatt der Bahnmeisterei 1 in Nürnberg gearbeitet, all diese Monate.

(...) Dann kamen wir später in eine Volksschule in der Bauernfeindstraße. Die Schule war vollkommen heruntergekommen. Alle Fenster waren raus, die Dachziegel verschwunden. Das Wasser stand in den Zimmern. In den Klassenzimmern hatte man Holzbetten aufgestellt, zweistöckig. Wir wurden eingeteilt in 40 Personen pro Zimmer. Es gab nur eine Toilette für Hunderte von Leuten. (...) Wenn man zur Toilette gehen wollte, dann musste man das draußen tun, auf dem Schulplatz.

Dann wurden wir nach Nürnberg geschickt, um Fotos zu machen. Wir bekamen einen Ausweis, einen Ausweis für das Lager und für die Reichsbahn, wo ich zur Arbeit gestellt war. (...)

Die deutschen Kameraden, mit denen wir arbeiteten, hatten einen Leitspruch: Wer die Arbeit kennt und sich nicht drückt, der ist verrückt. Wenn wir mal die Chance hatten und Meister J. war nicht in der Gegend, dann suchten wir uns irgendwo einen Platz, um etwas miteinander zu plaudern und eine Zigarette zu rauchen usw. Aber weiter hieß es von morgens sechs bis abends sechs arbeiten. Ich bekam Arbeitskleidung von der Reichsbahn. Aber ich war schon damals 1,90. Ich war ein langer Kerl. Die Kleidung war viel zu kurz, viel zu klein. (...)

Der Werkmeister J. war ein Nazi. Er war ein schlechter Mensch und er schrie immer. Mehrmals hat er gedroht, uns in ein Konzentrationslager zu schicken, wenn wir nicht alles genau so machten, wie er es wollte.

Zwangsarbeit bei der Reichsbahn – ein vergessenes Kapitel der Eisenbahngeschichte?

Kaum ein Thema in der Eisenbahngeschichte während des Nationalsozialismus ist so wenig erforscht wie der Einsatz von Fremd- und Zwangsarbeitern bei der Deutschen Reichsbahn. Dies liegt zum einen an den unterschiedlichen Einsatzorten und den dementsprechend kaum vergleichbaren Arbeitsbedingungen, zum anderen auch an einer ungünstigen Quellenlage. Gerade die Akten, die auf Verbrechen gegen die Menschlichkeit hinwiesen, sind vielfach im letzten Kriegsjahr bewusst vernichtet oder aber in den Nachkriegsjahren schlichtweg vergessen worden. Dennoch war das bürokratische System der Reichsbahn so umfassend, dass sich immer noch genügend Dokumente finden, um Aussagen über den Einsatz von Fremd- und Zwangsarbeitern zu treffen. Akten finden sich im Bundesarchiv, den Landes- und Stadtarchiven und den Personalarchiven, die nach der Bahnreform beim Bundeseisenbahnvermögen geführt werden. Eine verallgemeinernde Aussage jedoch, die den spezifischen Charakter der Fremd- und Zwangsarbeit bei der Reichsbahn beschreibt, wird kaum möglich sein. Anzunehmen ist vielmehr, dass die Reichsbahn keine eigenständige „Arbeitspolitik" betrieb. Die verschiedenen Reichsbahnstellen folgten den Vorgaben der nationalsozialistischen Ausländer- und Arbeitspolitik und nutzten sie nach ihren Bedürfnissen.

Von dem „Anschluss" Österreichs, der Annexion des Sudetenlandes und der Deklaration des „Protektorates Böhmen und Mähren" hatte die Reichsbahn noch profitieren können. Gut ausgebildete Eisenbahner und Arbeitslose, die nach dem rassistischen System der Nationalsozialisten zudem zum großen Teil als „Volksdeutsche" galten, konnten in das deutsche Eisenbahnsystem integriert werden. Je mehr ausländische Arbeiter nach Beginn des Krieges 1939 für die Landwirtschaft, Industrie und Staatsbetriebe rekrutiert wurden, umso ausgefeilter wurde das System der ausländerpolizeilichen Erfassung von Arbeitskräften und der Bestimmungen der Arbeitsbedingungen. Dies betraf zunächst vor allem diejenigen Polen, die ab 1940 zur Arbeit zwangsverpflichtet nach Deutschland transportiert wurden. Mit den sogenannten Polenerlassen erhielten sie als Fremdarbeiter einen eigenen rassistisch begründeten Status. Deutlich sichtbar hatten sie ein „P" an der Kleidung zu tragen. Sie sollten in Lagern wohnen, jeder private Kontakt zu Deutschen war ihnen bei strengsten Strafen untersagt und ihr Lohn orientierte sich an dem niedrigsten Tariflohn abzüglich einer 15-prozentigen „Sozialausgleichsabgabe".

Gegen die Internierung von Arbeitskräften in Lagern hatte man bei der Reichsbahn wenig einzuwenden. In einem dringenden Schreiben wandte sich der Leiter der Ostbahn Gerteis im September 1942 an den SS- und Polizeiführer in Krakau, um die Deportation galizischer Juden, die für die Ostbahn und ihre von Subunternehmen geleiteten Bauprojekte arbeiteten, zu verhindern. In dem Schreiben hieß es unter anderem: „Diese jüdischen Unternehmerarbeiter werden in geschlossenen Lagern gehalten und bedeuten daher für die Firmen eine besonders zuverlässige Hilfe, weil bei ihnen die Schwierigkeiten, wie sie bei den freien nichtdeutschen Arbeitern so häufig auftreten z. B. unerlaubter Arbeitsplatzwechsel, tagelanges Fernbleiben von der Arbeit, um dem Schleichhandel nachzugehen u. ä., fast ganz fortfallen. [...] Eine Aussiedelung der für die Ostbahn tätigen Juden ist infolgedessen nur im Wege des Austausches mit anderen Arbeitskräften möglich. Sobald diese zur Verfügung stehen, verzichtet die Ostbahn gern auf alle jüdischen Arbeiter." Die SS blieb von solchen Eingaben unbeeindruckt. Auch wenn in Einzelfällen jüdische Zwangsarbeiter durch ihre Arbeit ihr Leben retten konnten, hatte die Vernichtungspolitik der Nationalsozialisten immer Vorrang vor wirtschaftlichen Interessen der Reichsbahn.

Generell war Arbeitskraft zu einem Rohstoff und zur Kriegsbeute geworden. Hunderttausende von Menschen wurden zur Arbeit angeworben oder zwangsrekrutiert. Die mit den Polenerlassen begonnene rassistische Hierarchisierung von ausländischen Arbeitskräften fand bei der Reichsbahn ihre bürokratische Niederschrift in der „Dienstvorschrift über die Beschäftigung ausländischer Arbeiter bei der Deutschen Reichsbahn" von 1943. Unterschieden wurde zwischen „Ausländern", „Protektoratsangehörigen", „Polen" und „Ostarbeitern". Als Ostarbeiter galten Arbeitskräfte „nichtdeutscher Volkszugehörigkeit" aus den besetzten sowjetischen Gebieten. Ähnlich wie polnische Arbeiter hatten sie deutlich sichtbar das Kennzeichen „Ost" zu tragen, sollten getrennt nach Geschlechtern in Lagern untergebracht werden. Die Verpflegungs- und Unterbringungskosten durften nicht mehr als 1,50 Reichsmark pro Tag betragen, womit sie am untersten Ende der „Verpflegungsaufwendungen" für Fremdarbeiter standen. Detailgenau regelte die Dienstvorschrift die jeweiligen Beschäftigungsbedingungen, bis dahin, wie oft welche rassistisch definierte Fremdarbeitergruppe Post erhalten durfte, wie die Lager auszusehen hatten, wie mit Beschwerden umzugehen war und sogar welche Freizeitangebote gestellt werden konnten. Allein für Juden und Zigeuner galten nochmals Sonderbestimmungen, die nicht in die Dienstvorschrift aufgenommen wurden. In der betrieb-

lichen Praxis ließen sich diese durchreglementierten Abstufungen natürlich nicht durchsetzen, doch sie waren eine Richtschnur des Handelns.

Gut 40 Jahre lang war das Thema der Fremd- und Zwangsarbeit bei den Nachfolgeorganisationen der Deutschen Reichsbahn ein Tabu. Weder bei der Bundesbahn noch bei der Reichsbahn wollte man genau wissen, wie es im eigenen Staatsbetrieb gewesen war und wer wann wo und wie verantwortlich war. Hinzu kam, das lässt sich mit dem Abstand von 50 Jahren konstatieren, dass bei beiden Bahnen kein Unrechtsbewusstsein existierte. Zwangsarbeit galt als eine Folge des Krieges, die zudem in das System der „nationalsozialistischen Legalität“ von Gesetzen, Verordnungen und Dienstvorschriften eingebunden war. Erst nach der Wiedervereinigung und der durch Sammelklagen ehemaliger Zwangsarbeiter gegen Unternehmen beförderten Debatte um die Zwangsarbeit, erinnerte man sich öffentlich wieder daran, dass auch Staatsbetriebe wie die Deutsche Reichsbahn aktiv von dem menschenverachtenden System des Einsatzes von Fremd- und Zwangsarbeitern profitiert hatten. Die Stiftungsinitiative „Erinnerung, Verantwortung und Zukunft“ bot die Chance, sich nicht nur juristisch, sondern auch inhaltlich mit der Rolle der Reichsbahn auseinanderzusetzen. Die 1994 gegründete Deutsche Bahn AG hat die Initiative von Beginn an unterstützt. Mit den Geldern der Stiftung wird ehemaligen Zwangsarbeitern finanziell geholfen und werden gleichzeitig mit dem Fonds „Erinnerung und Zukunft“ Projekte gefördert, die der internationalen Zusammenarbeit auf humanitärem Gebiet und der Erinnerung an die Bedrohung durch totalitäre Systeme und Gewaltherrschaft dienen. Ein Nebeneffekt der Stiftungsgründung und ihrer Vorgeschichte ist, dass verstärkt nach Akten über die Fremd- und Zwangsarbeit gesucht wird und diese systematisch aufgearbeitet wordon. So wordon sich woitoro Mosaiksteine finden lassen, die es ermöglichen, ein genaueres Bild von dem Einsatz der Fremd- und Zwangsarbeiter bei der Reichsbahn zu rekonstruieren. Auch darin liegt eine Chance für den verantwortlichen Umgang mit der Vergangenheit.

S. K.

2

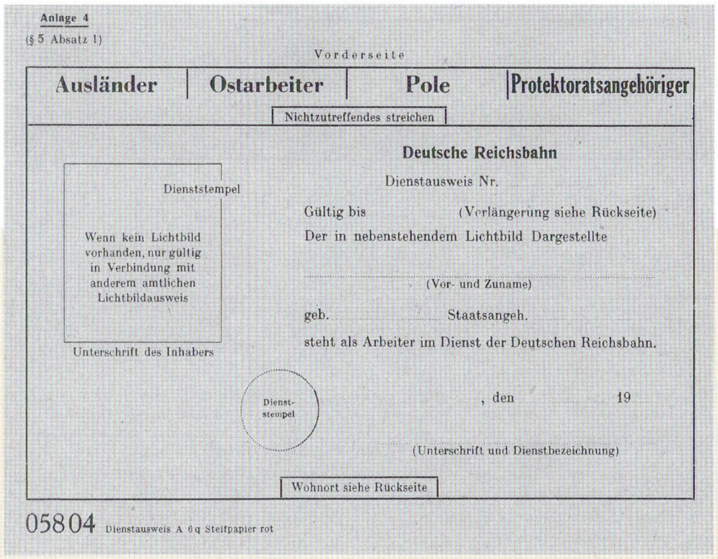
Anlage 4
(§ 5 Absatz 1)

Vorderseite

Ausländer | Ostarbeiter | Pole | Protektoratsangehöriger

Nichtzutreffendes streichen

Dienststempel

Wenn kein Lichtbild vorhanden, nur gültig in Verbindung mit anderem amtlichen Lichtbildausweis

Unterschrift des Inhabers

Deutsche Reichsbahn

Dienstausweis Nr.

Gültig bis (Verlängerung siehe Rückseite)

Der in nebenstehendem Lichtbild Dargestellte

(Vor- und Zuname)

geb. Staatsangeh.

steht als Arbeiter im Dienst der Deutschen Reichsbahn.

Dienst-stempel

, den 19

(Unterschrift und Dienstbezeichnung)

Wohnort siehe Rückseite

05804 Dienstausweis A 6q Steifpapier rot

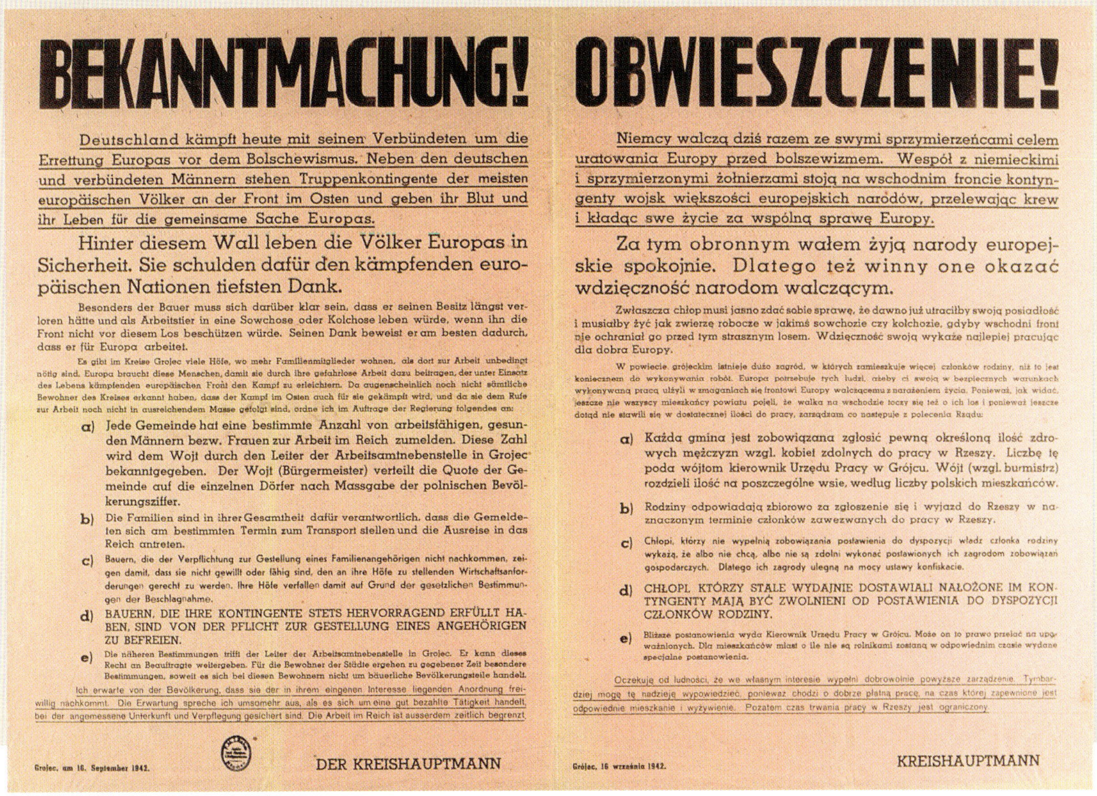
BEKANNTMACHUNG!

Deutschland kämpft heute mit seinen Verbündeten um die Errettung Europas vor dem Bolschewismus. Neben den deutschen und verbündeten Männern stehen Truppenkontingente der meisten europäischen Völker an der Front im Osten und geben ihr Blut und ihr Leben für die gemeinsame Sache Europas.

Hinter diesem Wall leben die Völker Europas in Sicherheit. Sie schulden dafür den kämpfenden europäischen Nationen tiefsten Dank.

Besonders der Bauer muss sich darüber klar sein, dass er seinen Besitz längst verloren hätte und als Arbeitstier in eine Sowchose oder Kolchose leben würde, wenn ihn die Front nicht vor diesem Los beschützen würde. Seinen Dank beweist er am besten dadurch, dass er für Europa arbeitet.

Es gibt im Kreise Grojec viele Höfe, wo mehr Familienmitglieder wohnen, als dort zur Arbeit unbedingt nötig sind. Europa braucht diese Menschen, damit sie durch ihre gefahrlose Arbeit dazu beitragen, der unter Einsatz des Lebens kämpfenden europäischen Front den Kampf zu erleichtern. Da augenscheinlich noch nicht sämtliche Bewohner des Kreises erkannt haben, dass der Kampf im Osten auch für sie gekämpft wird, und da sie dem Rufe zur Arbeit noch nicht in ausreichendem Masse gefolgt sind, ordne ich im Auftrage der Regierung folgendes an:

a) Jede Gemeinde hat eine bestimmte Anzahl von arbeitsfähigen, gesunden Männern bezw. Frauen zur Arbeit im Reich zumelden. Diese Zahl wird dem Wojt durch den Leiter der Arbeitsamtnebenstelle in Grojec bekanntgegeben. Der Wojt (Bürgermeister) verteilt die Quote der Gemeinde auf die einzelnen Dörfer nach Massgabe der polnischen Bevölkerungsziffer.

b) Die Familien sind in ihrer Gesamtheit dafür verantwortlich, dass die Gemeldeten sich am bestimmten Termin zum Transport stellen und die Ausreise in das Reich antreten.

c) Bauern, die der Verpflichtung zur Gestellung eines Familienangehörigen nicht nachkommen, zeigen damit, dass sie nicht gewillt oder fähig sind, den an ihre Höfe zu stellenden Wirtschaftsanforderungen gerecht zu werden. Ihre Höfe verfallen damit auf Grund der gesetzlichen Bestimmungen der Beschlagnahme.

d) BAUERN, DIE IHRE KONTINGENTE STETS HERVORRAGEND ERFÜLLT HABEN, SIND VON DER PFLICHT ZUR GESTELLUNG EINES ANGEHÖRIGEN ZU BEFREIEN.

e) Die näheren Bestimmungen trifft der Leiter der Arbeitsamtnebenstelle in Grojec. Er kann dieses Recht an Beauftragte weitergeben. Für die Bewohner der Städte ergehen zu gegebener Zeit besondere Bestimmungen, soweit es sich bei diesen Bewohnern nicht um bäuerliche Bevölkerungsteile handelt.

Ich erwarte von der Bevölkerung, dass sie der in ihrem eingenen Interesse liegenden Anordnung freiwillig nachkommt. Die Erwartung spreche ich umsomehr aus, als es sich um eine gut bezahlte Tätigkeit handelt, bei der angemessene Unterkunft und Verpflegung gesichert sind. Die Arbeit im Reich ist ausserdem zeitlich begrenzt.

Grojec, am 16. September 1942.

DER KREISHAUPTMANN

OBWIESZCZENIE!

Niemcy walczą dziś razem ze swymi sprzymierzeńcami celem uratowania Europy przed bolszewizmem. Wespół z niemieckimi i sprzymierzonymi żołnierzami stoją na wschodnim froncie kontyngenty wojsk większości europejskich narodów, przelewając krew i kładąc swe życie za wspólną sprawę Europy.

Za tym obronnym wałem żyją narody europejskie spokojnie. Dlatego też winny one okazać wdzięczność narodom walczącym.

Zwłaszcza chłop musi jasno zdać sobie sprawę, że dawno już utraciłby swoją posiadłość i musiałby żyć jak zwierzę robocze w jakimś sowchozie czy kołchozie, gdyby wschodni front nie ochraniał go przed tym strasznym losem. Wdzięczność swoją wykaże najlepiej pracując dla dobra Europy.

W powiecie grójeckim istnieje dużo zagród, w których zamieszkuje więcej członków rodziny, niż to jest koniecznem do wykonywania robót. Europa potrzebuje tych ludzi, ażeby ci swoją w bezpiecznych warunkach wykonywaną pracą ulżyli w zmaganiach się frontowi Europy walczącemu z narażeniem życia. Ponieważ, jak widać, jeszcze nie wszyscy mieszkańcy powiatu pojęli, że walka na wschodzie toczy się też o ich los i ponieważ jeszcze dotąd nie stawili się w dostatecznej ilości do pracy, zarządzam co następuje z polecenia Rządu:

a) Każda gmina jest zobowiązana zgłosić pewną określoną ilość zdrowych mężczyzn wzgl. kobiet zdolnych do pracy w Rzeszy. Liczbę tę poda wójtom kierownik Urzędu Pracy w Grójcu. Wójt (wzgl. burmistrz) rozdzieli ilość na poszczególne wsie, według liczby polskich mieszkańców.

b) Rodziny odpowiadają zbiorowo za zgłoszenie się i wyjazd do Rzeszy w naznaczonym terminie członków zawezwanych do pracy w Rzeszy.

c) Chłopi, którzy nie wypełnią zobowiązania postawienia do dyspozycji władz członka rodziny wykażą, że albo nie chcą, albo nie są zdolni wykonać postawionych ich zagrodom zobowiązań gospodarczych. Dlatego ich zagrody ulegną na mocy ustawy konfiskacie.

d) CHŁOPI, KTÓRZY STALE WYDAJNIE DOSTAWIALI NAŁOŻONE IM KONTYNGENTY MAJĄ BYĆ ZWOLNIENI OD POSTAWIENIA DO DYSPOZYCJI CZŁONKÓW RODZINY.

e) Bliższe postanowienia wyda Kierownik Urzędu Pracy w Grójcu. Może on to prawo przelać na upoważnionych. Dla mieszkańców miast o ile nie są rolnikami zostaną w odpowiednim czasie wydane specjalne postanowienia.

Oczekuję od ludności, że we własnym interesie wypełni dobrowolnie powyższe zarządzenie. Tymbardziej mogę tę nadzieję wypowiedzieć, ponieważ chodzi o dobrze płatną pracę, na czas której zapewnione jest odpowiednie mieszkanie i wyżywienie. Pozatem czas trwania pracy w Rzeszy jest ograniczony.

Grójec, 16 września 1942.

KREISHAUPTMANN

1

1) Ankündigung von Zwangsmaßnahmen in der polnischen Landbevölkerung 1942

2) Dienstausweis-Formular aus der „Dienstvorschrift über die Beschäftigung ausländischer Arbeiter bei der Deutschen Reichsbahn“ 1943

Sonderzüge in den Tod

409

1

2

1) Das Einfahrtsgebäude des Vernichtungslagers Auschwitz-Birkenau. Aufnahme der Gleise von innen. Wahrscheinlich 1945

2) Aus fast allen Regionen Europas wurden Juden mit der Eisenbahn nach Auschwitz deportiert.

409

Die Reichsbahn war durch die Deportation zahlloser Menschen in die Ghettos und in die Konzentrations- und Vernichtungslager unmittelbar am Holocaust beteiligt. Ohne sie wäre die Ermordung von Millionen von Menschen nicht möglich gewesen.

Der nationalsozialistische Rassenwahn richtete sich vor allem gegen die Juden. Mit dem Ausbruch des Zweiten Weltkriegs begann ihre systematische Vernichtung in Europa. Zwischen Februar 1940 und Juni 1943 wurden fast 165.000 deutsche Juden in Ghettos und Lager deportiert. Zur selben Zeit und noch bis kurz vor Kriegsende fanden in fast allen europäischen Ländern Judendeportationen statt. Rund sechs Millionen Juden wurden von den Nationalsozialisten umgebracht. Als zweite große Gruppe fielen die Sinti und Roma dem Rassenwahn zum Opfer. Ab Mai 1940 wurden sie in Ghettos und Arbeitslager deportiert. Insgesamt starben rund 500.000 Sinti und Roma. Nach Schätzungen fuhren etwa drei Millionen der in Auschwitz und anderswo ermordeten Menschen mit der Eisenbahn in den Tod.

Die Reichsbahn führte die Deportationen im Auftrag der vom Reichsführer-SS Heinrich Himmler geleiteten „Sicherheitspolizei“ und des „Reichssicherheitshauptamtes“ (RSHA) durch. Die Verständigung zwischen den Auftraggebern und der Reichsbahn wurde erleichtert durch die Tatsache, dass mit Albert Ganzenmüller ein langjähriger Nationalsozialist den Posten des für die Reichsbahn zuständigen Staatssekretärs im Reichsverkehrsministerium (RVM) bekleidete. Durch einen Briefwechsel ist belegt, dass Ganzenmüller persönlich mit dem Adjutanten Himmlers, Karl Wolff, über Judendeportationen nach Treblinka verhandelte: Im Juli 1942 wurde eine Bahnstrecke, die zum Vernichtungslager Sobibor führte, wegen Reparaturarbeiten geschlossen. Da die Deportation von 300.000 Juden aus Warschau nach Sobibor geplant war, setzte sich Wolff mit Ganzenmüller in Verbindung. Dieser informierte ihn, dass täglich 5.000 Juden in Sonderzügen von Warschau in das neu gebaute Vernichtungslager Treblinka deportiert werden könnten.

Über den organisatorischen Ablauf der Deportationen ist im Detail oft wenig bekannt, da ein Großteil des Aktenmaterials gegen Kriegsende vernichtet wurde. In vielen Fällen erfolgte die Organisation offenbar im Rahmen der üblichen Planungen für den Sonderzugverkehr. Auf Konferenzen, an denen meist Vertreter des RVM, des RSHA, der Generalbetriebsleitungen und der betroffenen Reichsbahndirektionen teilnahmen,

1

1) Transportanhänger von Juden, die nach Theresienstadt deportiert wurden.

wurden Absprachen über den Einsatz von Sonderzügen getroffen. Hierbei wurden Sonderzug-Programme für die Judendeportationen aufgestellt, die an die betroffenen Reichsbahndirektionen weitergeleitet wurden. Die Direktionen erarbeiteten daraufhin Fahrpläne bzw. Fahrplananordnungen und übergaben diese den untergeordneten Dienststellen, die die Transporte vom Abgangsbahnhof bis in die Konzentrations- und Vernichtungslager durchführten.

Der Weg über das RVM und die Sonderzug-Konferenzen erwies sich allerdings von Beginn an als umständlich. Die Reichsbahndirektionen erhielten daher die Erlaubnis, eine begrenzte Zahl von Sonderzügen in eigener Verantwortung abzuwickeln. Auch die Sicherheitspolizei trat bei der Organisation der Deportationen direkt in Kontakt mit den einzelnen Direktionen. Dieser direkte Weg wurde offenbar im Verlauf des Krieges immer häufiger beschritten.

Die Kosten für die Transporte stellte die Reichsbahn den Auftraggebern – RSHA und Sicherheitspolizei – in Rechnung. Sie wurden nach dem Tarif für die Personenbeförderung in der 3. Klasse bemessen, wobei die Reichsbahn später Preisnachlässe einräumte. Die Auftraggeber bezahlten in der Regel erst nach erfolgter Dienstleistung. Das Geld zogen sie in Deutschland von den deportierten Juden selbst ein. Im Ausland war die Finanzierung unterschiedlich. Für die Opfer aus den Ghettos in Osteuropa musste die Sicherheitspolizei die Bahnrechnungen aus ihrem Etat begleichen.

Die von der Reichsbahn erhobenen Transportkosten waren unabhängig davon, ob Reisezugwagen oder Güterwagen zum Einsatz kamen. Im Deutschen Reich und in den westeuropäischen Ländern wurden zu Beginn des Krieges noch Reisezugwagen eingesetzt, um den Zweck der Fahrt zu tarnen. Im Osten hingegen verwendete die Reichsbahn in der Regel Güterwagen, in denen die Menschen unter unsäglichen Bedingungen zusammengepfercht wurden.

Bis zu 100, nach einzelnen Berichten sogar bis zu 200 Menschen wurden in einen Waggon gezwängt. Es gab Deportationszüge, in denen über 8000 Menschen transportiert wurden. In den Güterwagen fehlten Heizungen und hygienische Einrichtungen, die kleinen Fenster waren mit Stacheldraht bespannt. Im Sommer war es in den Wagen unerträglich heiß und stickig, im Winter eiskalt. Hinzu kam, dass Wehrmachtstransporte und andere Versorgungszüge Vorrang hatten vor den Deportationszügen, die oft stundenlang auf die Weiterfahrt warteten. Es dauerte meist Tage, bis sie am Zielort ankamen. Währenddessen bekamen die Menschen kaum oder gar keine Nahrung und Wasser. Unter diesen unmenschlichen Bedingungen starben viele von ihnen bereits während der Fahrt ins Lager. Die Leichen verstärkten die Panik der Menschen im Zug. Diejenigen, die zu fliehen versuchten, wurden von der bewaffneten Begleitmannschaft erschossen.

Viele Eisenbahner, die an der Durchführung der Transporte beteiligt waren, müssen die Lage der Menschen in den Wagen bemerkt haben. Zwar stellte die Sicherheitspolizei das Begleitpersonal der Züge, Lokführer und Heizer jedoch kamen von der Reichsbahn. In Auschwitz-Birkenau fuhren sie bis kurz vor die Einfahrt ins Lager, wo sie von KZ-Personal abgelöst wurden. Auch an den Bahnhöfen hatten Mitarbeiter der Reichsbahn die Züge im Blick. Es gibt Berichte, wonach Bahnarbeiter ungenügend verschlossene Waggons reparierten und der Bahnschutz einen Zug überwachen half. Nur vereinzelt wird von Hilfeleistungen berichtet, wie dem Versuch eines Eisenbahners, einer Frau Wasser in den Waggon zu reichen, was von einem SS-Mann verhindert wurde.

2

3

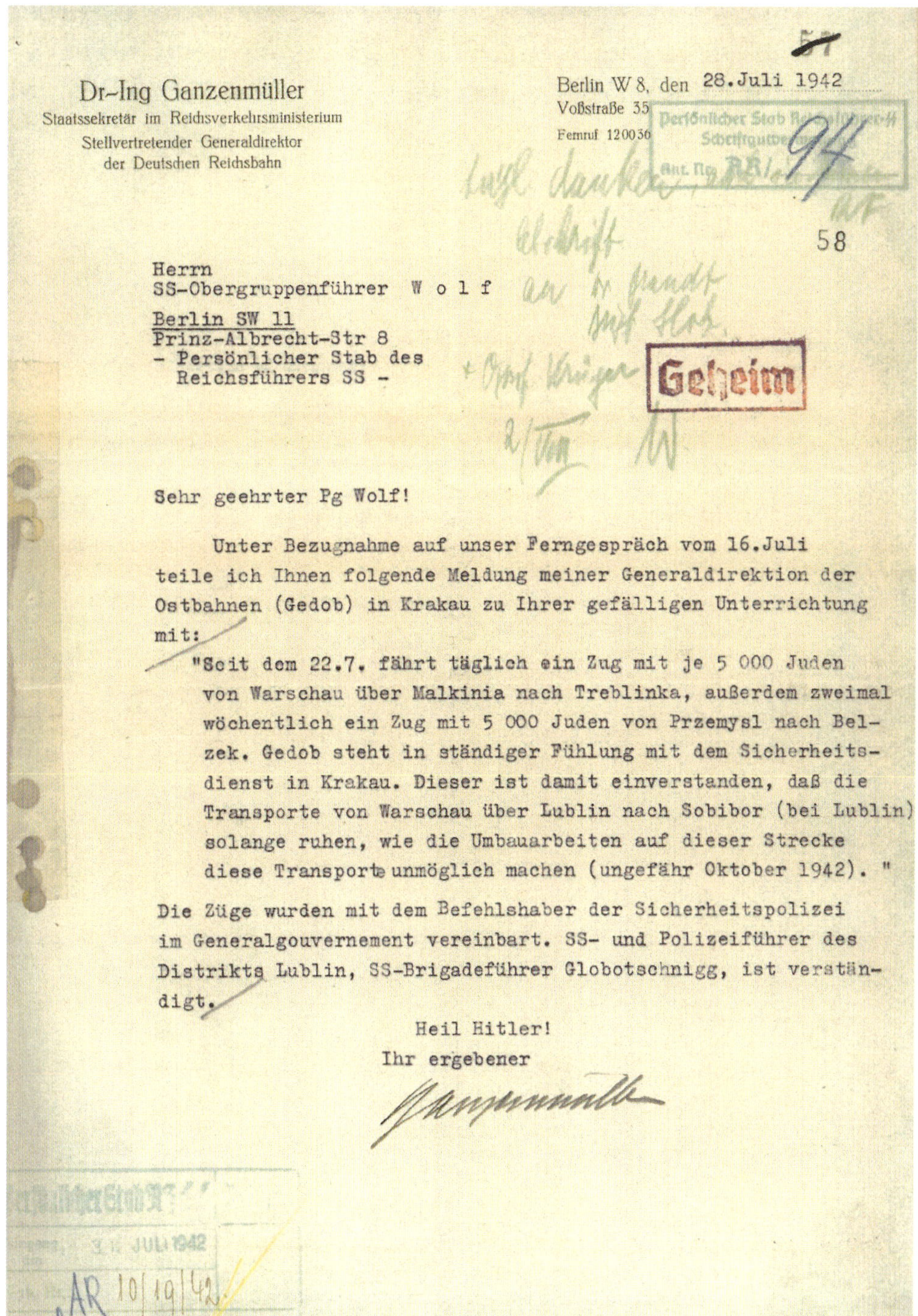

Dr-Ing Ganzenmüller
Staatssekretär im Reichsverkehrsministerium
Stellvertretender Generaldirektor
der Deutschen Reichsbahn

Berlin W 8, den 28.Juli 1942
Voßstraße 35
Fernruf 120036

Geheim

58

Herrn
SS-Obergruppenführer W o l f
Berlin SW 11
Prinz-Albrecht-Str 8
– Persönlicher Stab des
Reichsführers SS –

Sehr geehrter Pg Wolf!

Unter Bezugnahme auf unser Ferngespräch vom 16.Juli teile ich Ihnen folgende Meldung meiner Generaldirektion der Ostbahnen (Gedob) in Krakau zu Ihrer gefälligen Unterrichtung mit:

"Seit dem 22.7. fährt täglich ein Zug mit je 5 000 Juden von Warschau über Malkinia nach Treblinka, außerdem zweimal wöchentlich ein Zug mit 5 000 Juden von Przemysl nach Belzek. Gedob steht in ständiger Fühlung mit dem Sicherheitsdienst in Krakau. Dieser ist damit einverstanden, daß die Transporte von Warschau über Lublin nach Sobibor (bei Lublin) solange ruhen, wie die Umbauarbeiten auf dieser Strecke diese Transporte unmöglich machen (ungefähr Oktober 1942)."

Die Züge wurden mit dem Befehlshaber der Sicherheitspolizei im Generalgouvernement vereinbart. SS- und Polizeiführer des Distrikts Lublin, SS-Brigadeführer Globotschnigg, ist verständigt.

Heil Hitler!
Ihr ergebener
Ganzenmüller

Viele Eisenbahner müssen auch gewusst oder zumindest geahnt haben, dass die Menschen in den Lagern ermordet wurden. Zwar war in den Fahrplänen und sonstigen Unterlagen der Reichsbahn stets von „Evakuierung“ oder „Umsiedlung“ die Rede. Dass die Eisenbahn jedoch Hunderttausende von Menschen an einen Ort – etwa nach Auschwitz oder Treblinka – beförderte, ohne dass dieser Ort beständig anwuchs und ohne dass die Bahn Lebensmittel in entsprechender Größenordnung dorthin lieferte, kann nur wenigen der unmittelbar am Geschehen Beteiligten entgangen sein. Trotzdem gab es seitens der Eisenbahner keinen nennenswerten Widerstand gegen die Deportationen.

U. B.

2) Albert Ganzenmüller, Staatssekretär im Reichsverkehrsministerium 1942–45
1943

3) Schreiben von Ganzenmüller über Judendeportationen nach Treblinka
1942

1

409

…irektion der Ostbahn — Krakau, den 26. März 1943

… H Bfp 17 Bfsv

(9)

Nur für den Dienstgebrauch!

Fahrplananordnung Nr 567

An Strecke Tschenstochau – Skierniewice – Warschau West Pbf – Warschau Ost Pbf – Rembertow – Tluszcz – Malkinia – Treblinka, OBD und Ozl Warschau, Zl Tschenstochau, Warschau, OBÄ, OVÄ, OMÄ Petrikau, Warschau,
Bü, Bü (Lokd), B 41, Bfp 14, 15, 15, 17, 22, M 6, Vt 11, Vk I (3), Ref 9, 21, 21 H, 30 H.

Betr.: Da-Züge; Sonderzüge mit Umsiedlern.

Gültig: Aufbewahren bis 6. Mai 1943

Zur Beförderung von Umsiedlern aus dem Reich nach Treblinka verkehren Sonderzüge mit der Bezeichnung Da in folgendem Fahrplan:

Höchstgeschw.: 45 km/h — Mindestbremsh.: 17
ab Warschau Ost " .: 38
Last etwa 600 t

A. Fahrplan

bis Tschenstochau nach Fahrplan der RBD Oppeln

Tschenstochau	(an 16.26) ab 17.54	im Plan Dg 90 753 B	
Petrikau	20.50/21.14	im Plan Dg 90 749 B	
Skierniewice	23.48/ 0.08	im Plan Dg 90 749 B	
Pruszkow	1.41/ 2.05	im Plan Dg 98 855 B	
Warschau Ost Pbf	2.51/ 3.06	im Sonderplan	
Warschau Ost Vbf	3.11	im Sonderplan	
Abzw Antoninow	3.17	im Sonderplan	
Rembertow	3.24/ 3.28	im Sonderplan	
Abzw Zielonka Hp	3.40	im Plan Dg 97 309 B	
Tluszcz	4.20/ 4.22	im Plan Dg 91 307 B	
Malkinia	5.53/ 6.20	im Sonderplan	
Treblinka	an 6.28		

Lok stellen: RBD Oppeln bis Tschenstochau
Bw Tschenstochau bis Petrikau
Bw Petrikau bis Skierniewice,
Bw Skierniewice bis Warschau Ost
Bw Warschau Ost bis Treblinka

Zub stellen: RBD Oppeln bis Tschenstochau
Bf Tschenstochau bis Petrikau
Bf Petrikau bis Warschau Ost Pbf
Bf Warschau Ost Pbf bis Treblinka

2

3

1) Fahrplananordnung der Generaldirektion der Ostbahn (Generalgouvernement) für Sonderzüge ins Vernichtungslager Treblinka 1943

2) Würzburger Juden auf dem Weg zum Bahnhof, von wo aus sie nach Lublin deportiert wurden. 25.4.1942

3) Die Deportationszüge aus Würzburg fuhren am Güterbahnhof Aumühle ab. 25.4.1942

4

6

5

7

4) Ungarische Juden nach der Ankunft in Auschwitz im Sommer 1944

5) Zwei unbekannte jüdische Mädchen, die von München nach Kaunas deportiert und dort ermordet wurden.
1941

6) Ankunft eines Deportationstransportes aus Ungarn im Vernichtungslager Auschwitz-Birkenau
Mai 1944

7) Am Güterbahnhof Wiesbaden stand am 1. September 1942 ein Zubringerzug für die Deportation älterer Menschen nach Theresienstadt bereit.

Dokumente zu den Judendeportationen

Auszüge aus dem Bericht eines Kompanieführers vom 14. September 1942 über den Verlauf einer Deportation galizischer Juden nach Belzec

Die Eisenbahn in Galizien stand zu diesem Zeitpunkt unter der Aufsicht des Reichsverkehrsministeriums. Der Betrieb war der Deutschen Reichsbahn übergeben.

Bei dem großen Auftrieb an umzusiedelnden Juden bis zum 10.9. in Kolomea hat trotz der von mir geäußerten Bedenken die Sich.-Polizei alle Juden in die gestellten 30 Waggons verladen. Mit Rücksicht auf die an den Tagen herrschende große Hitze und die Belastung der Juden durch lange Fußmärsche oder durch tagelanges Warten ohne Zuführung nennenswerter Verpflegung war die geschehene übermäßig starke Beladung des größten Teils der Waggons mit 180 bis 200 Juden derart katastrophal, daß sich der Umstand stark nachteilig auf den Transport ausgewirkt hat.

Wie stark die von der Sipo in Horodenka und Sniatyn beladenen je 10 Waggons im einzelnen mit Juden angefüllt waren, entzog sich meiner Kenntnis. Jedenfalls kamen beide Transporte in Kolomea mit vollkommen unzulänglicher Bewachung an, sodaß die Vernagelung der Luftlöcher mit Stacheldraht fast restlos entfernt war. Ich habe sobald als möglich die Herausnahme dieser Transporte aus dem Bahnhof in Kolomea veranlaßt. Der jüdische Ordnungsdienst und Angehörige des Bahnhofs-Gaudienstes (Ostbahn-Rottenarbeiter) von Kolomea wurden eingesetzt, um bis zum Einbruch der Dunkelheit alle ungenügend verschlossenen Waggons in der üblichen Weise ordnungsgemäß zu verschließen. Ein Kommando in der Stärke von 1/15 unter Führung des Hptw. Witzmann war beauftragt, den abgestellten Umsiedlerzug mit 50 Güterwagen bis zur Abfahrt zu bewachen und jeden Ausbruchsversuch zu verhindern. Durch die bereits geschilderte Beanspruchung der Juden, die nachteilige Einwirkung der Hitze und die starke Überladung des größten Teils der Waggons versuchten die Juden immer wieder, aus den abgestellten Waggons auszubrechen (...). Ausbruchsversuche aus dem abgestellten Zug während der Dunkelheit konnten entweder verhindert oder die ausgebrochenen Juden auf der Flucht erschossen werden. In sämtlichen Waggons hatten sich die Juden unter dem Einfluß der Hitze vollständig nackt ausgezogen. (...) Die Wachtm. mußten sich während der ganzen Fahrt in den Bremshäuschen aufhalten, um auf diese Weise am wirkungsvollsten den Fluchtversuchen der Juden entgegentreten zu können. Schon nach kurzer Fahrzeit versuchten die Juden bei einzelnen Waggons nach allen Seiten und sogar die Wagendecken zu durchbrechen. Es gelang einem auch teilweise dieses Vorhaben auszuführen, sodaß schon 5 Stationen vor Stanislau Zugw. Jäcklein den Bahnhofsvorsteher in Stanislau fernmündlich bat, Nägel und Bretter für eine behelfsmäßige Verschliessung der schadhaften Waggons bereitzulegen und den Bahnschutz zur Bewachung des Transports anzufordern. Als der Zug in Stanislau eintraf, waren Handwerker des Bahnhofs Stanislau und der Bahnschutz zugegen, um die notwendigen Reparaturen durchzuführen und zusätzlich die Bewachung des Zuges zu übernehmen. (...)

Beim Maschinenwechsel in Lemberg wurde eine so alte Maschine vorgespannt, daß die Weiterfahrt nur mit dauernden Unterbrechungen möglich war. Die langsame Fahrt wurde immer wieder von den noch kräftigsten Juden benutzt, um sich durch die gewaltsam geschaffenen Öffnungen zu zwängen und in der Flucht ihr Heil zu suchen, da sie sich beim Absprung von dem langsam fahrenden Zug kaum verletzten. Trotz der wiederholten Aufforderung an den Zugführer schneller zu fahren, war ihm dieses unmöglich, sodaß das häufige Anhalten auf offener Strecke zunehmend unangenehmer wurde. (...) Die immer größer werdende Panik unter den Juden, hervorgerufen durch starke Hitze, Überfüllung der Waggons und den Leichengestank – es befanden sich beim Ausladen der Waggons etwa 200 Juden tot im Zuge – machten den Transport fast undurchführbar. Um 18.45 Uhr kam der Transportzug in Belzec an und wurde um 19.30 Uhr von Zuw. Jäcklein an den SS.Ostuf. und Leiter des dortigen Lagers übergeben.

1) Ankunft und Selektion ungarischer Juden in Auschwitz-Birkenau 1944

Liste der zu evakuierenden Juden aus Würzburg.

Nr.:	Zuname:	Vorname:	Geb.Tag u.-ort:	Staats-angeh.:	Früherer Beruf:	letzte Wohnung:	Evak. Nr.:
69	"	Herbert Israel	29.8.29 Würzburg	"	ohne	"	267

2) Herbert Mai und sein Freund Fred Zeilberger 1946

Die Würzburger Judendeportationen: ein Brief von Herbert Mai

Am 27. November 1941 fuhr der erste Deportationszug mit Würzburger Juden nach Riga. Unter den Deportierten waren der zwölfjährige Herbert Mai und seine Eltern. Herbert Mai überlebte das Arbeitslager „Jungfernhof" bei Riga. Seine Eltern wurden nach Auschwitz gebracht und dort ermordet. Nach dem Ende des Krieges schrieb Herbert Mai in einem Brief an Verwandte über seine Erlebnisse:

(...) Es war am 26. November 1941, als wir die Verbannung antraten. Wir mussten uns um 4 Uhr nachmittags am Stadttheater melden, wo schon viele Juden waren. Meine Mutter, mein Vater und ich hatten viel Gepäck; deswegen mussten wir einen Teil abgeben, den wir später nicht zurückbekamen. Wir standen vor der Tür und warteten auf den Einlass, um kontrolliert zu werden. Ein Gestapomann kam aus der Tür und rief mit tiefer Stimme: „Mai, marsch rein!" Wir gingen darauf hinein und mussten alles, was wir noch hatten, kontrollieren lassen. Man nahm uns verschiedene Sachen ab – Taschenlampen, Federn, Messer. Dann mussten wir in einen großen Saal gehen und wurden dort zum zweiten mal aufgeschrieben. Danach mussten wir uns auf den Boden legen. In dem Saal blieben wir bis um 4 Uhr in der Früh. Dann hieß es: „Alle Judenschweine heraus und zu fünft in der Reihe antreten!" Das ging schnell mit dem Knüppel. Wir marschierten zum Bahnhof und wurden dort in Waggons verladen und eingesperrt. Wir standen zwei Stunden auf dem Bahnhof. Dann fuhren wir ins Unglück, was wir aber nicht wussten.

Wir waren in einem Waggon 60 Männer und Frauen. Wir fuhren vier Stunden und unser Zug hielt an. Unsere Freunde, die SS-Männer, standen schon da mit großen Peitschen in den Händen und riefen: „Alles heraus, aber in zehn Minuten!" Da war der Teufel los. Jeder wollte zuerst heraus, einer zur Tür, der zweite zum Fenster. Die SS lachte höhnisch, wie die armen Juden sich quälten. Als alle heraus waren, schlugen sie mit den Peitschen dazwischen und riefen: „Steht ihr noch nicht zu fünft in der Reihe?" In fünf Minuten stand alles und wir marschierten ab in ein Lager. (...)

Wir dachten: „Das ist ein schönes Lager." Aber es kamen noch mehr Menschen in das Lager und da wussten wir schon, dass es nur ein Auffanglager ist. Und wirklich, mittags um 12 Uhr hieß es: „Alles antreten!" Wir traten an und marschierten an die Bahn. Wir waren 1000 Menschen. Wir stiegen in unseren Zug ein, der noch von gestern dastand und in einer Stunde fuhren wir ab. Es war verboten, sich aus den Fenstern zu lehnen. Mit uns fuhren 20 Mann SS-Begleitung. Wir fuhren einen Tag; es wurde Nacht, 11 Uhr, es wurde 12 Uhr. Plötzlich stieg ein SS-Mann aus, holte einen Mann aus dem Zug, nahm seine Pistole und sagte: „Was ich dich jetzt heiße, musst du machen, und wenn nicht, schieß ich dich übern Haufen." „Ausziehen!" Er zog sich aus in der Kälte (minus 35 Grad) und wie er ausgezogen war, sagte der SS-Mann, er wird bestraft, weil er aus dem Fenster geschaut hat. Aber es war überhaupt nicht wahr, nur Schikane. Er schlug ihn mit einer Peitsche auf den bloßen Leib, bis er vor Schmerzen zusammenbrach und dann schoss er ihn mit einer Kugel nieder. Der Zug fuhr wieder weiter. Wasser hatten wir keines; infolgedessen hatten alle sehr Durst, aber keiner fragte danach. So wollten sie es ja haben. Wir fuhren drei Tage und drei Nächte mit Durst. Dann kamen wir in Riga auf der Station Schirotawa an. Auch da war schon die lettische SS mit Gewehren und Peitschen. Auch deutsche SS war als Oberaufsicht da. Wir gingen wie üblich mit Stockhieben aus den Waggons. Neben uns stand ein großer Omnibus und die SS sagte: „Wer nicht laufen kann, darf mitfahren." Natürlich war der Omnibus sofort voll. Da kam ein zweiter. Meine Mutter sagte: „Komm wir fahren auch, er ist noch nicht voll." Aber ich sagte: „Nein, wir fahren nicht. Wir sind gesund und krank mache ich mich nicht." Wir fuhren nicht, was unser Glück gewesen ist, denn sie sind in den Tod gefahren. Daraufhin marschierten wir mit Schüssen und Schlägen in unser zukünftiges Lager. (...)

Zusammenbruch

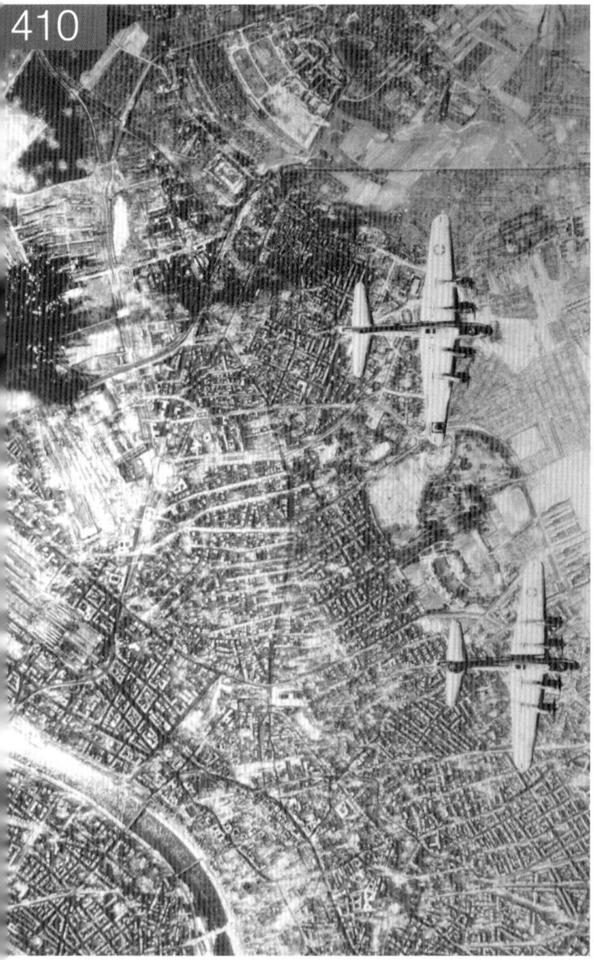

1

1) Der Frankfurter Haupt- und Güterbahnhof während eines amerikanischen Bombenangriffs
1944

Das „Dritte Reich" endete 1945 im völligen Zusammenbruch. Für den militärischen Sieg der Alliierten spielte die Bombardierung der Eisenbahnanlagen eine wichtige Rolle. Lange Zeit herrschte bei den amerikanischen und englischen Militärs Uneinigkeit darüber, welche Ziele durch Flächenbombardements oder konzentrierte Angriffe zu zerstören seien, um den Krieg möglichst rasch zu beenden. Neben der demoralisierenden Wirkung, die man sich von der Verwüstung der Innenstädte und Wohnviertel versprach, kamen vor allem solche Angriffsziele in Betracht, die eine Schwächung der deutschen Kriegswirtschaft zur Folge hatten. Die Alliierten mussten jedoch feststellen, dass selbst die zahlreichen Treffer von Industrieanlagen nicht den erwarteten Erfolg hatten. Schließlich kamen die Militärs zu der Erkenntnis, dass die Versorgung der Industrie mit Kohle ausschlaggebend war. Damit gerieten die Anlagen der Deutschen Reichsbahn verstärkt ins Visier der Bomberpiloten. Schon seit Kriegsbeginn waren Bahnhöfe, Eisenbahnbrücken und Gleise bevorzugte Objekte der alliierten Luftangriffe. Das Improvisationsvermögen der Reichsbahner sorgte jedoch bis in das Jahr 1945 hinein dafür, dass die Strecken oft in erstaunlich kurzer Zeit wieder in Betrieb genommen werden konnten.

Gegen Ende des Jahres 1944 erkannten die Alliierten die strategische Bedeutung gerade der großen Verschiebebahnhöfe, durch deren gezielte Zerstörung die wichtigen Kohletransportwege unterbrochen und damit letztlich der Nachschub für die deutsche Wehrmacht weitgehend lahmgelegt werden konnte. Erst durch die Ausschaltung der großen Rangierbahnhöfe etwa des Ruhrgebiets versiegte die Kohlezufuhr zu den noch intakten Industrieanlagen – die Nervenstränge der deutschen Kriegswirtschaft waren gekappt.

Die Zielgenauigkeit der Bombenabwürfe wurde anhand von Luftbildaufnahmen überprüft, die nach dem Luftangriff geschossen wurden. Bei den Amerikanern waren zeitweise 3.000 Angehörige einer eigens geschaffenen Auswertungseinheit damit beschäftigt, monatlich vier Millionen sogenannter Zielwirkungsbilder auszuwerten.

Die Wucht der mit bis zu 1.000 Flugzeugen durchgeführten Angriffe wurde schließlich so stark, dass Zerstörungen auch durch Improvisationsmaßnahmen der Reichsbahner nicht mehr auszugleichen waren. Allein im Oktober 1944 wurden 35.000 Tonnen Bomben auf Verkehrsziele abgeworfen. Die Aufräumarbeiten in den schwelenden Trümmern wurden zudem häufig durch Tieffliegerbeschuss erschwert.

Im Januar 1945 wurde der Schnellzugverkehr bei der Reichsbahn eingestellt. Die Verbindungen konnten nur noch streckenweise, von Bahnhof zu Bahnhof, aufrecht erhalten werden. Schadensstellen mussten oft weiträumig umfahren werden. Flugblätter der Alliierten riefen die Eisenbahner dazu auf, den Betrieb gänzlich aufzugeben und den Nachschub für die

2

2) Rangierbahnhof Nürnberg nach einem Bombenangriff 20.10.1944

3) Verschiebebahnhof Hamm (Westf.), „Zielwirkungsbild“ eines amerikanischen Luftaufklärers 24.3.1945

3

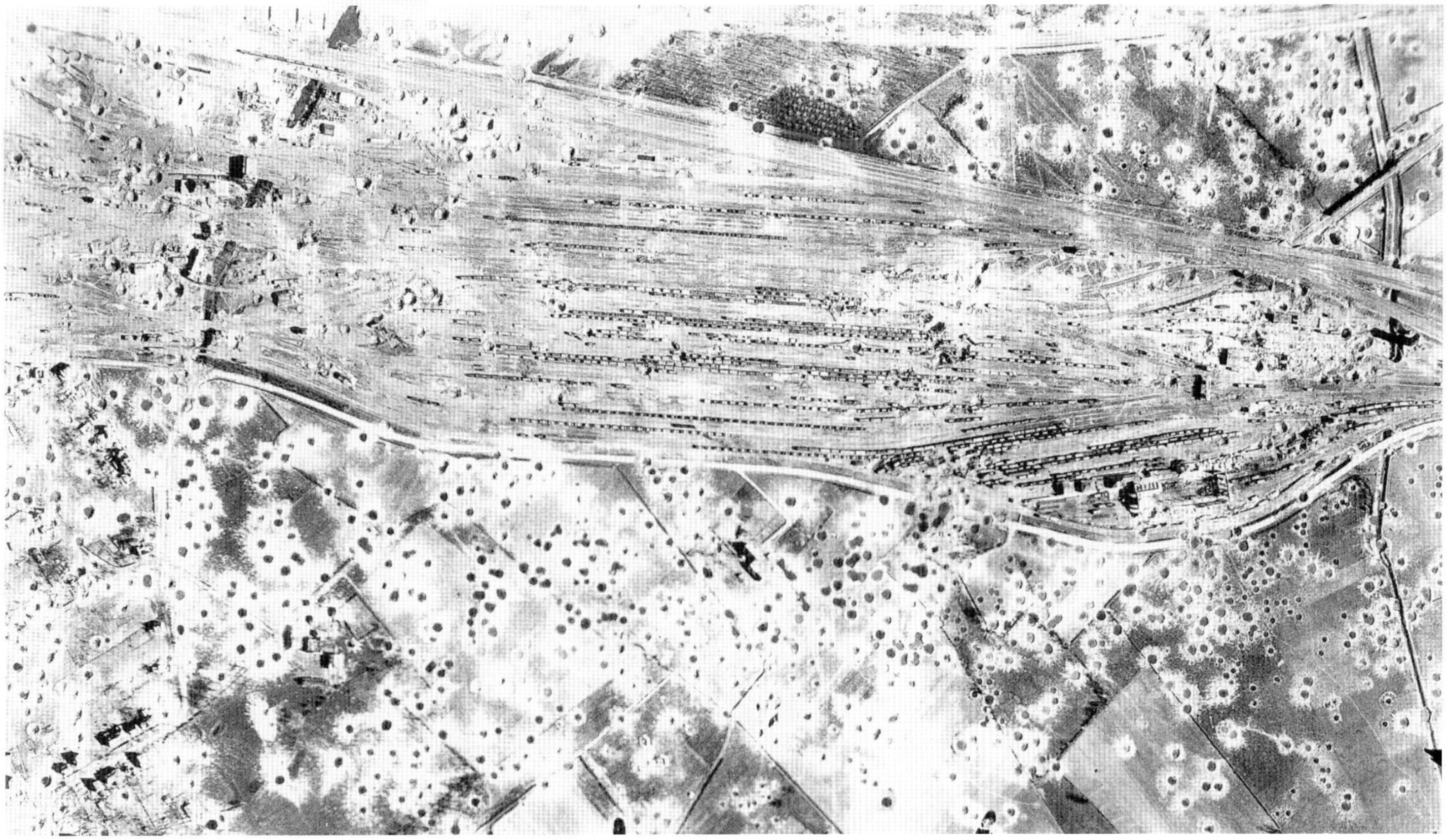

410

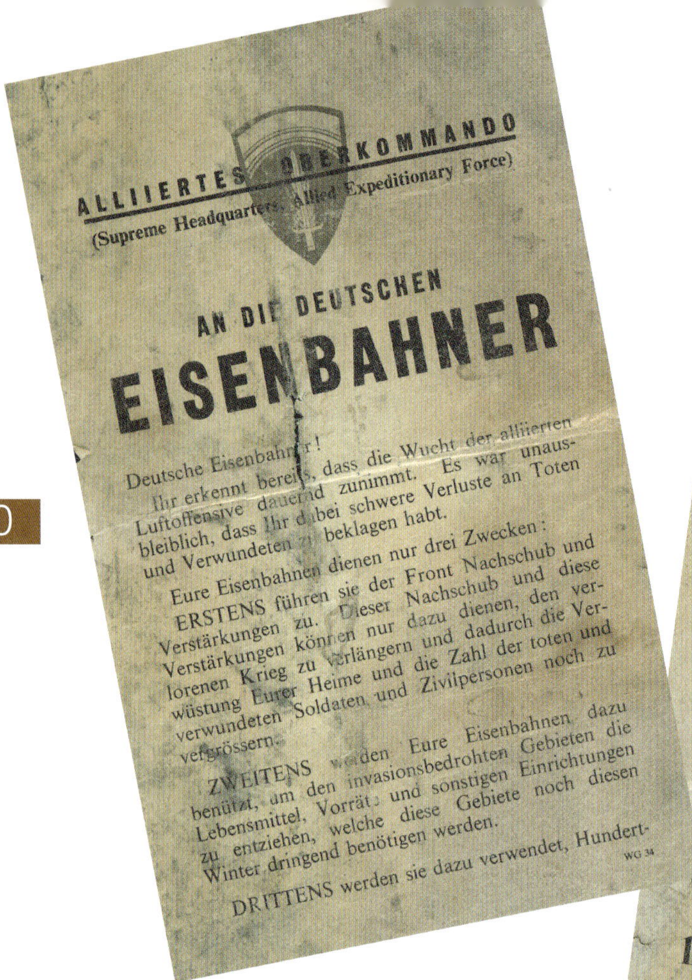

ALLIIERTES OBERKOMMANDO
(Supreme Headquarters, Allied Expeditionary Force)

AN DIE DEUTSCHEN
EISENBAHNER

Deutsche Eisenbahner!
Ihr erkennt bereits, dass die Wucht der alliierten Luftoffensive dauernd zunimmt. Es war unausbleiblich, dass Ihr dabei schwere Verluste an Toten und Verwundeten zu beklagen habt.

Eure Eisenbahnen dienen nur drei Zwecken:

ERSTENS führen sie der Front Nachschub und Verstärkungen zu. Dieser Nachschub und diese Verstärkungen können nur dazu dienen, den verlorenen Krieg zu verlängern und dadurch die Verwüstung Eurer Heime und die Zahl der toten und verwundeten Soldaten und Zivilpersonen noch zu vergrössern.

ZWEITENS werden Eure Eisenbahnen dazu benützt, um den invasionsbedrohten Gebieten die Lebensmittel, Vorräte und sonstigen Einrichtungen zu entziehen, welche diese Gebiete noch diesen Winter dringend benötigen werden.

DRITTENS werden sie dazu verwendet, Hundert-

WG 34

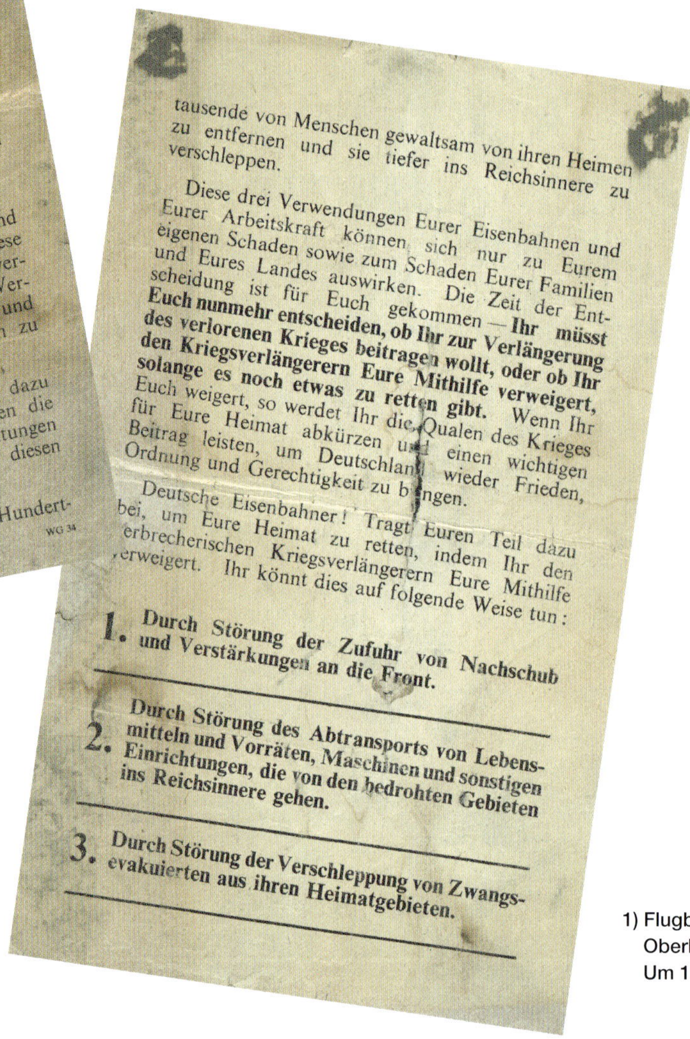

tausende von Menschen gewaltsam von ihren Heimen zu entfernen und sie tiefer ins Reichsinnere zu verschleppen.

Diese drei Verwendungen Eurer Eisenbahnen und Eurer Arbeitskraft können sich nur zu Eurem eigenen Schaden sowie zum Schaden Eurer Familien und Eures Landes auswirken. Die Zeit der Entscheidung ist für Euch gekommen — **Ihr müsst Euch nunmehr entscheiden, ob Ihr zur Verlängerung des verlorenen Krieges beitragen wollt, oder ob Ihr den Kriegsverlängerern Eure Mithilfe verweigert, solange es noch etwas zu retten gibt.** Wenn Ihr Euch weigert, so werdet Ihr die Qualen des Krieges für Eure Heimat abkürzen und einen wichtigen Beitrag leisten, um Deutschland wieder Frieden, Ordnung und Gerechtigkeit zu bringen.

Deutsche Eisenbahner! Tragt Euren Teil dazu bei, um Eure Heimat zu retten, indem Ihr den verbrecherischen Kriegsverlängerern Eure Mithilfe verweigert. Ihr könnt dies auf folgende Weise tun:

1. Durch Störung der Zufuhr von Nachschub und Verstärkungen an die Front.

2. Durch Störung des Abtransports von Lebensmitteln und Vorräten, Maschinen und sonstigen Einrichtungen, die von den bedrohten Gebieten ins Reichsinnere gehen.

3. Durch Störung der Verschleppung von Zwangsevakuierten aus ihren Heimatgebieten.

1) Flugblatt des Alliierten Oberkommandos Um 1944

Truppen zu unterbinden. In immer mehr Bahnhöfen blockierten getroffene Wagen und Lokomotiven die Gleise – der Verkehr kam allmählich zum Erliegen.

Die deutschen Truppen versuchten den Vormarsch der Alliierten zu behindern, indem sie ihrerseits auf dem Rückzug Eisenbahngleise sprengten und vor allem versuchten, die Rheinbrücken nicht unzerstört in die Hände der amerikanischen und britischen Truppen fallen zu lassen. Hitlers „Nero-Befehl“, in dem die Verwandlung der preisgegebenen Gebiete in eine „Verkehrswüste“ gefordert wurde, unterliefen die Eisenbahner jedoch weitgehend.

Dennoch gab es für den Eisenbahnbetrieb in Deutschland keinen Zeitpunkt eines allgemeinen landesweiten Stillstands. Denn während der Verkehr am 8. Mai 1945, dem Tag der Kapitulation, in weiten Teilen des eroberten Reiches ruhte, rollten in den seit Wochen befreiten Gebieten links des Rheins schon wieder die ersten Versorgungszüge unter Aufsicht der Amerikaner.

Im Osten des Reiches flohen gegen Kriegsende Millionen Deutsche vor der Roten Armee Richtung Westen. Mit Hilfe der Reichsbahn gelang es, über fünf Millionen Menschen aus dem Danziger Raum in den Westen zu evakuieren. Dennoch konnten viel zu wenige Flüchtlinge auf die Bahn als rettendes Transportmittel zurückgreifen – die politische Führung hatte eine planmäßige Evakuierung der Zivilbevölkerung versäumt. Da die Nationalsozialisten die Flucht gemäß der völlig widersinnigen Durchhalteparolen sogar bis zum letzten Augenblick verboten, zogen die Flüchtlinge zu Fuß oder auf Pferdefuhrwerken vielfach erst kurz vor Ankunft der rasch vorrückenden Roten Armee ab. Infolge der Verzögerung erfolgte die Flucht im tiefsten Winter, Hunderttausende erfroren oder starben, als die Trecks von der Frontlinie eingeholt wurden.

A. E.

2

3

2) Erst kurz vor dem Einrücken der Roten Armee in die oberschlesische Stadt Oppeln erging ein offizieller Aufruf an die Bevölkerung, die Stadt zu evakuieren. Die Fahrkarte war nach der Aufforderung zur Flucht gelöst worden. Der Zug fuhr jedoch nicht mehr.
1945

3) Flüchtlinge
1945

Tipps zum Weiterlesen

Barthel, Manfred: Kraft und Sicherheit. 75 Jahre Knorr-Bremse 1905–1980. München 1980

Benz, Wolfgang: Geschichte des Dritten Reiches. München 2000

Bombenziel Deutsche Reichsbahn. Herausgegeben in Zusammenarbeit mit Luftbilddatenbank Carls. Freiburg 1999

Buß, Hans-Joachim: Dreimal Stunde Null. Gewerkschaft am Schienenstrang. Aufstieg und Wandlungen 1897–1972. Frankfurt am Main 1973

DB Museum (Hrsg.): Go easy Go Bahn. 200 Jahre Eisenbahn und Werbung. Nürnberg 2008

Deppmeyer, Joachim: Die Einheits-Personen- und Gepäckwagen der Deutschen Reichsbahn. Bauarten 1932–1937 Regelspur. Stuttgart 1988

Diener, Wolfgang: Anstrich und Bezeichnung von Lokomotiven. Das Erscheinungsbild deutscher Lokomotiven von 1871 bis heute. Stuttgart 1996

Engwert, Andreas/Kill, Susanne (Hrsg.): Sonderzüge in den Tod. Die Deportationen mit der Deutschen Reichsbahn. Köln/Weimar/Wien 2009

Ernst, Friedhelm: Rheingold. Luxuszug durch sechs Jahrzehnte. Düsseldorf 1988

Feldman, Gerald D.: Vom Weltkrieg zur Weltwirtschaftskrise. Studien zur deutschen Wirtschafts- und Sozialgeschichte 1914–1932. Göttingen 1984

Feuchtwanger, Lion: Erfolg. Drei Jahre Geschichte einer Provinz. Berlin 2002

Franzke, Jürgen/DB Museum (Hrsg.): Rheingold - ein europäischer Luxuszug. Nürnberg/Frankfurt am Main 1997

Gall, Lothar/Pohl, Manfred (Hrsg.): Die Eisenbahn in Deutschland. Von den Anfängen bis zur Gegenwart. München 1999

Gottwaldt, Alfred: Deutsche Eisenbahnen im Zweiten Weltkrieg. Rüstung, Krieg und Eisenbahn (1939-1945). Stuttgart 1983

Gottwaldt, Alfred: Schienenzeppelin. Franz Kruckenberg und die Reichsbahn-Schnelltriebwagen der Vorkriegszeit 1929–1939. Augsburg 1972

Gottwaldt, Alfred: Die Stromliniendampflokomotiven der Reichsbahn. Stuttgart 1978

Gottwaldt, Alfred: Julius Dorpmüller, die Reichsbahn und die Autobahn. Verkehrspolitik und Leben des Verkehrsministers bis 1945. Berlin 1995

Herbert, Ulrich: Fremdarbeiter. Politik und Praxis des „Ausländer-Einsatzes“ in der Kriegswirtschaft des Dritten Reiches. Neuauflage. Bonn 1999

Hilberg, Raul: Sonderzüge nach Auschwitz. Mainz 1981

Hilberg, Raul: Die Vernichtung der europäischen Juden. Die Gesamtgeschichte des Holocaust. Frankfurt am Main 1997

Holtfrerich, Carl-Ludwig/James, Harold/Pohl, Manfred: Requiem auf eine Währung. Die Mark 1873–2001. Stuttgart/München 2001

Joachimsthaler, Anton: Die Breitspurbahn. Das Projekt zur Erschließung des groß-europäischen Raumes 1942–1945. München 1999

Keitz, Christine: Reisen als Leitbild. Die Entstehung des modernen Massentourismus in Deutschland. München 1997

Knipping, Andreas/Schulz, Reinhard: Eisenbahnen zwischen Ostfront und Atlantikwall 1939–1945. Stuttgart 2002

Knipping, Andreas/Schulz, Reinhard: Reichsbahn hinter der Ostfront 1941–1944. Stuttgart 1999

Kolb, Eberhard: Die Weimarer Republik. München 2002

Kurz, Heinz R.: Fliegende Züge. Vom „Fliegenden Hamburger“ zum „Fliegenden Kölner“. Freiburg 1986

Lichtenstein, Heiner: Mit der Reichsbahn in den Tod. Massentransporte in den Holocaust. Köln 1985

Mierzejewski, Alfred C.: Bomben auf die Reichsbahn. Der Zusammenbruch der deutschen Kriegswirtschaft 1944–1945. Freiburg 1993

Mierzejewski, Alfred C.: The Most Valuable Asset of the Reich. A History of the German National Railway. Vol. 1. 1920 – 1932. Chapel Hill/London 1999; Vol. 2: 1933–1945. Chapel Hill/London 2000

Matis, Herbert/Stiefel, Dieter: Das Haus Schenker. Die Geschichte der internationalen Spedition 1872–1931. Wien 1995

Mühl, Albert: 75 Jahre MITROPA. Die Geschichte der Mitteleuropäischen Schlafwagen- und Speisewagen-Aktiengesellschaft. Freiburg 1992

Niemann, Harry/Herrmann, Arnim (Hrsg.): Die Entwicklung der Motorisierung im Deutschen Reich und den Nachfolgestaaten. Stuttgart 1995

Peukert, Detlev J.K.: Die Weimarer Republik. Krisenjahre der Klassischen Moderne. Frankfurt am Main 1987

Schildt, Axel (Hrsg.): Massenwohnung und Eigenheim. Frankfurt am Main 1988

Schneider, Michael: Kleine Geschichte der Gewerkschaften. Bonn 1989

Schütz, Erhard/Gruber, Eckhard: Mythos Reichsautobahn. Bau und Inszenierung der „Straßen des Führers" 1933–1941. Berlin 2000

Siemens, Georg: Carl Friedrich von Siemens. Ein großer Unternehmer. Freiburg 1960

Steegmans, Christoph: Die finanziellen Folgen der Rheinland- und Ruhrbesetzung 1918–1930. Stuttgart 1999

Weinmann, Martin (Hrsg.): Das nationalsozialistische Lagersystem. Frankfurt am Main 1998

Winkler, Heinrich A./Camman, Alexander (Hrsg.): Weimar. Ein Lesebuch zur deutschen Geschichte 1918–1933. München 1999

Zelnhefer, Siegfried: Die Reichsparteitage der NSDAP. Geschichte, Struktur und Bedeutung der größten Propagandafeste im nationalsozialistischen Feierjahr. Nürnberg 1991

Bildnachweis

Adam Opel AG:
25-4, 25-5
Bayerisches Hauptstaatsarchiv München:
119-1
Bayerische Staatsbibliothek München:
90-1, 91-2
Bildarchiv Ing. Büro Dr. Carls, Würzburg:
129-3
Bildarchiv Preußischer Kulturbesitz:
74-1, 87-5, 87-7, 91-6, 102-1, 108-1, 108-2, 108-3, 113-5, 126-1
Bundesarchiv:
12-2, 21-11, 113-6, 125-4
DaimlerChrysler Konzernarchiv:
24-1, 25-6
Joachim Deppmeyer:
96-2, 96-3
Deutsches Historisches Museum/Bildarchiv:
105-6, 107-1, 109-5, 115-6
Roland Flade:
127-2
Ford-Werke AG:
25-1, 25-2
Sammlung Alfred Gottwaldt, Berlin:
13-1, 40-2
Erich Hauenstein:
75-4
Institut für Zeitgeschichte, München:
121-2
Sammlung Andreas Knipping:
44-1, 44-2
Landesarchiv Berlin:
35-3, 35-4
Museum für Gestaltung, Zürich:
48-4
Museum für Kunst und Gewerbe:
91 4
MAN-Archiv im DB Museum:
52-1
Sammlung Rudolph
125-7
Schenker AG:
33-1
Sammlung Edi Sers:
62-1, 62-2, 62-3, 63-4, 63-5
Siemens-Archiv:
16-1, 18-1
Staatsarchiv Würzburg:
124-2, 124-3
Stadtarchiv München:
74-2, 96-1, 98-1, 98-2, 125-5
Süddeutscher Verlag Bilderdienst:
106-3, 131-3
Transnet GdED:
64-1, 65-2, 66-1
ullstein bild:
100-3, 120-1, 123-2
Yad Vashem:
125-6

Alle anderen Fotos: DB Museum

Wir danken folgenden Leihgebern, Spendern und Förderern:

A. Aumeier
Bayerischer Rundfunk, Würzburg
Silke Bergau
Maik Brandenburg
Jürgen Brühns
Gedenkstätte Buchenwald
Joachim Deppmeyer
Grete Dietrich
Dokumentationszentrum Reichsparteitagsgelände, Nürnberg
Renate Eichmeier
Gewerkschaft Deutscher Lokomotivführer
Gewerkschaftschor auftakt
Petra Gillmann
Alfred B. Gottwaldt
Erich Hauenstein
Hanka Heise
Frank Hercher
Manfred Herzog
Historischer Eisenbahnverein Plattling
Bettina Höcherl
Institut für Zeitgeschichte, München
Keip GmbH, Antiquariat und Verlag, Goldbach
Christiane Keitz
Karl-Heinz Kemnitz
Alexandra Kinter
Jürgen Klein
Andreas Knipping
Alfons Kwasniok
Knorr-Bremse GmbH, München
Margarete Kollmar
Katharina Kucher
Johannes Lang
Lars-Olof Larsson
Hartmann Müller-Hillebrand
Gisela Mundt
Musée des arts et métiers, Paris
Museum für Historische Wehrtechnik, Röthenbach/Pegnitz
Museum für Kommunikation, Nürnberg
Norbert Neumeister
Ulla Obermeier
Rolf Ostendorf
Ella Ponnater
Post SV Nürnberg
Preußen Museum Nordrhein-Westfalen, Standort Minden
Hans-Jürgen Probst
Willy Reinshagen
Rhönrad Archiv, Gerd Häßel
Thomas Samek
Schenker Deutschland AG, Coburg
Schenker & Co AG Österreich, Firmenarchiv
Amrei Schmidt
Renate Schmidt-Trapp
Stadtarchiv Nürnberg
Stadtbibliothek Essen, Abt. Heimatkunde, Herr Peter
Christoph Steegmans
Edi Sers
Hans Teitge
Památník Terezín (Gedenkstätte Theresienstadt)
Transnet Gewerkschaft GdED
TSV Ansbach 1860
Verband Deutscher Eisenbahner-Sportvereine
Werner Vierling
Patrick Wegerdt
S. u. H. Wenzel
Jörg Winkler
www.ebay.de

AutorInnen und MitarbeiterInnen der Ausstellung

Dr. Ursula Bartelsheim, Jahrgang 1965, Historikerin, wissenschaftliche Mitarbeiterin im DB Museum (U.B.)

Joachim Breuninger M.A., Jahrgang 1968, Historiker, wissenschaftlicher Mitarbeiter im DB Museum (J.B.)

Andreas Engwert M.A., Jahrgang 1968, Historiker, wissenschaftlicher Mitarbeiter im DB Museum (A.E.)

Stefan Ebenfeld M.A., Jahrgang 1965, Historiker, wissenschaftlicher Mitarbeiter im DB Museum (S.E.)

Dr. Susanne Kill, Jahrgang 1959, Historikerin, Leiterin Team Konzerngeschichte, Unternehmensarchiv DB AG Berlin (S.K.)

Dr. Rainer Mertens, Jahrgang 1961, Historiker, wissenschaftlicher Leiter im DB Museum, Projektleiter Dauerausstellung (R.M.)

Irene Ramorobi M.A., Jahrgang 1974, Historikerin, freie Mitarbeiterin (I.R.)

Franziska Schubert, Jahrgang 1971, Historikerin, Museumspädagogin im DB Museum

Zeitzeugen

Folgenden Personen danken wir dafür, dass sie sich als Zeitzeugen zur Verfügung gestellt haben:

Max Ansbacher
Herbert Mai
Fred Zeilberger
Robert Zweerman